신 석 정

― 자연과 생활을 노래한 목가 시인 ―

윤여탁 저

건국대학교출판부

자연과 생활을 노래한 목가 시인

신 석 정

세계 작가 탐구(한국편) [004]

찍은날　2000년 9월 1일 초판 찍음
펴낸날　2000년 9월 5일 초판 펴냄
지은이　윤 여 탁
펴낸이　맹 원 재
펴낸곳　건국대학교출판부
　　　　주 소: 143-701, 서울시 광진구 화양동 1번지
　　　　전 화: 도서주문 (02) 450-3893/FAX (02) 457-7202
　　　　　　　 편 집 실 (02) 450-3891~2
　　　　등 록: 제 4-3 호(1971. 6. 21)

찍은곳　용지인쇄주식회사

값 6,000원

ⓒ 윤여탁, 2000

* 잘못 만들어진 책은 바꾸어 드립니다.
* 저자와의 협의하에 인지 첨부를 생략합니다.

 ISBN 89-7107-260-1 04800
 ISBN 89-7107-232-6 (세트)

신 석 정 (辛夕汀, 1907~1974)
1973년 봄, 정원의 모란꽃 앞에서

전주 덕진공원에 있는 신석정의 시비와 동상

전주 덕진공원 신석정 시비에 새겨진 〈네 눈망울에서는〉

저자의 말

　몇 달 전에 나는 아주 귀중한 선물을 두 가지 받았다. 그 하나는 신석정의 제5시집 『대바람소리』 원본이다. 이 시집은 원래 청와대로 보내졌던 것으로, 중앙교육행정연수원을 거쳐 한국교육과정평가원이 소장하고 있었다. 이 기관에서 소장한 도서를 정리할 때, 제자가 이 시집을 구입하여 나에게 선물한 것이다. 그래서 그 시집에는 '영부인 육영수 기증', '중앙교육행정연수원'이라는 스탬프가 찍혀 있다.
　다른 하나는 신석정의 제4시집 『산의 서곡』 원본이다. 이 글을 쓰기 위하여 군산대학교 허소라 시인을 방문했을 때, 시인은 자신이 소장하고 있던 시집을 선뜻 내주었다. 이 시집 역시 나에게 온 사연이 간단하지만은 않다. 원래 허 시인이 소장했던 시집은 누군가가 빌려가서 그 종적을 알 수가 없고, 신석정 시인이 제자인 황길현 선생에게 증정한 것을 양도받아 보관

하고 있던 책이었다. 그래서 이 시집에는 서예전(書藝展)을 여러 차례 열 정도로 글씨를 잘 썼던 신석정 선생의 '黃吉顯 淸正 辛夕汀'이라는 유려한 묵향(墨香)이 남아 있다.

몇 년 전 나는 군산에 있는 군산대학교에 적을 두고 있었다. 그 곳에서 나는 정다운 사람들을 많이 만났다. 지방에 살면서 시나 소설을 쓰는 사람, 학생들을 열심히 가르치는 선생님, 목청껏 〈춘향가〉 한 대목을 불러대던 소리를 좋아하는 사람, 예향(藝鄕)에 남겨진 흔적들을 찾아온 답사 여행객, 객(客)과 주인을 가리지 않고 모두 반갑고 그리운 얼굴들이었다. 이런 중에 나는 우리 근대 문학사에서 큰 족적을 남긴 이 지방 출신의 두 문인, 채만식이라는 소설가와 신석정이라는 시인을 만날 수 있었다.
이 때 그 곳 사람들에게는 객이었던 나는 주인이 되어 손님들을 맞아야 했으며, 단지 그런 이유로 채만식과 신석정에 대한 이런저런 이야기들을 알아야 했다. 월명산(月明山)에 있는 문학비, 째보 선창, 임피의 옛집과 묘지 등을 찾아서 채만식의 삶과 문학을 회상하였고, 부안에 있는 서림(西林)공원과 변산반도의 바닷가에 있는 신석정의 옛집과 시비(詩碑)를 찾아야 했다.(해방 전후에 농민 소설을 썼던 이근영, 조선 중종·명종 조의 기생이자 시인이었던 이매창도 이 때 만난 사람들이다.) 이런 중에 내가 중학교, 고등학교 시절을 보낸 전주를 감싸고 있는 기린봉의 끝자락에 자리잡고 있었던 시인의 아름다운 정원을 머리에 떠올릴 수 있었다.

신석정은 나에게 늘 부담스러운 존재였다. 무엇보다도 내가 시를 연구하는 연구자라는 부담감이 있었으며, 시인이 나의 중학교 동창이었던 옛 친구의 외할아버지라는 사실도 무거운 짐처럼 느껴졌다. 더구나 시인은 중학교 때 같은 교정에 있는 고등학교에서 국어를 가르쳤던 선생님이었으며, 내가 지방 대학에 있을 때에는 옆방에 계시던 한 선생님의 은사이자 그 선생님이 평생토록 연구하고 있는 학문적 탐구의 대상이기도 했다.
  그렇기 때문에 시와 시인을 연구하는 나는 신석정에 대하여 글을 한 편쯤은 써야 한다는 생각을 하면서도 감히 용기를 내지 못했다. 그런 중에 건국대학교출판부의 부탁을 받고 마지막 남아 있는 용기를 내어, 그렇게 부담스럽게만 생각했던 신석정의 생애와 시 작품에 대한 이해와 감상 시리즈의 집필을 맡았다. 그러나 원래 원고를 부탁한 쪽에서 요청한 원고 분량을 많이 채우지 못하고, 서둘러서 마무리 정리를 하고 있다. 그것도 약속한 기일을 넉 달이나 넘겨서 말이다.

  이 책을 마무리하는 지금 나에게는 여러 가지 생각들이 떠오른다. 완전하게 글을 완성하지 못한 부담감도 마음을 무겁게 하고 있다. 언젠가는 또 다시 신석정에 대한 글을 쓰기 위해 컴퓨터 앞에 앉아야 할 것 같은 부담감과 같이 말이다. 내가 글을 마무리하면서 좀더 자유스러운 마음을 갖지 못하는 이유도 같이 생각해 본다. 아마도 그 이유는 부담감을 벗어 던지기에는 내가 아직 충분한 준비가 되어 있지 않기 때문일 것이다. 비교적 많이 공부하고 알고 있는 시인에 대하여 글을 쓸 때마다 닥치는 어려움도 또 다른 이유가 될 듯하다.

아울러 부족하나마 글을 마무리할 수 있도록 도움을 준 여러 사람들에게 고마운 마음을 전하고 싶다. 원본 시집과 산문집을 나에게 선물했던 최미숙 선생, 허소라 시인, 우한용 선생님께 감사의 말을 전한다. 특히 여러 가지 자료를 제공하면서 신석정 시인에 대한 기억들을 증언해 주었고, 자신의 연구서에 수록했던 신석정 관련 사진을 재수록하도록 허락하여 준 허소라 시인의 은혜는 잊을 수 없다. 끝으로, 이런 책을 기획하고 출판해 준 건국대학교출판부와 무더운 날씨에 꼼꼼하게 교정을 보아준 유영희 선생께 감사를 드린다.

2000년 8월 여름날에
저 자

차 례

■ 저자의 말 / 5

1. 생애와 저작 활동 ——— 13
— 영원한 문학 청년의 여정(旅程)

(1) '꿈 많은' 또는 '불행한' 소년 시절 · 16
(2) 불경 공부하다가 문학으로 · 23
(3) 청구원(靑丘園)에 묻혀 · 27
(4) 기억하고 싶지 않은 시절 · 35
(5) '오류(五柳)' 선생을 본받아 · 39

2. 어머니, 산(山), 대바람소리 ——— 45

(1) 신석정과 나 · 45
(2) 어머니와 이상향 · 47
(3) 산(山)과 정신 · 55
(4) 대바람소리와 지조 · 62
(5) 서정시의 정신 · 67

3. 서정 시인의 현실 문제 —— 71

　　　　　　(1) 시와 현실 · 71
　　　　　(2) 어둠 속에서의 현실 · 75
　　　　　　(3) 전쟁과 가난 · 80
　　　　(4) 반독재 투쟁의 희생양 · 87
　　　　(5) 지식인과 현실의 무게 · 92

4. 시론에 나타난 서정시의 정신 —— 97

　　　　　(1) 글쓰기로서의 시론 · 97
　　　　　(2) 체험으로서의 시론 · 101
　　　　　　(3) 서정시와 생활 · 106
　　　　　(4) 현실 참여의 시론 · 111
　　　　　　(5) 삶, 시, 시론 · 117

5. 문학사적 위상 —— 123

　　　　(1) 문학사적 평가의 전제 · 123
　　　　　(2) 서정시와 참여시 · 125
　　　　　(3) 선비 정신의 소유자 · 126

　　　　■ 연보 및 연구자료 / 129

신 석 정

자연과 생활을 노래한 목가 시인

1

생애와 저작 활동
— 영원한 문학 청년의 여정(旅程) —

　시인 신석정이 태어난 전라북도 부안(扶安)은 북동 방면으로는 김제, 남동 방면으로는 정읍, 남쪽으로는 고창, 서쪽으로는 서해 바다에 둘러싸여 있다. 그리고 이런 부안은 남서 방면으로는 변산 해수욕장(海水浴場)과 채석강(採石江)으로 유명한 변산 반도(邊山半島)가 자리잡고 있으며, 멀리 서해 바다에는 고슴도치를 닮았다는 위도(猬島)와 계화도(界火島)가 그림처럼 떠 있는 아름다운 고장이다.(이 중 계화도는 1960년대 말에 간척 공사가 이루어져 드넓은 평야가 되어 '계화미'라는 좋은 쌀이 생산되는 곡창 지대로 변했으며, 이 부근을 중심으로 지금도 새만금 간척 공사라는 대역사(大役事)가 진행되고 있는 곳이기도 하다.)
　일찍이 부안은 조선 시대 현리(縣吏) 이양종(李陽從)의 딸로 태어나 시조(時調)와 한시(漢詩)로 유명한 기생 매창(梅窓)이 이름을 날리던 곳이며, 조선 말기의 대 성리학자인 간재(艮齋) 전

◀
신석정 초기 시 문학의 산실인
서림공원에 있는 이매창 시비

우(田愚) 선생이 계화도에서 3,000여 제자를 거느리고 일생을 마친 고장이다. 이 밖에 뛰어난 문인이나 학자는 많지 않았지만, 항상 그윽한 문향(文香)이 이어져 내려온 문향(文鄕)이었다. 이 같은 문향의 그윽한 여운은 아담한 서림공원(西林公園: 부안읍의 서쪽에 자리잡은 산정 공원으로, 시인이 '서해 바다의 수평선이 한눈에 들어오고, 그 산 옆에 아름드리 고목이 울창'하다고 쓰고 있는)에 스며 있었다. 그리고 노령 산맥의 끝자락인 이 공원의 숲길에는 한 시인이 젊은 꿈을 새기면서 산책을 하고 있었다.

▶ 청구원과 더불어 신석정 문학의 산실인 서림공원의 입구

◀ 신석정의 조부와 부친의 스승이었던 간재 선생 기념비 (전주 덕진공원 내)

1. 생애와 저작 활동

(1) '꿈 많은' 또는 '불행한' 소년 시절

시인 신석정(본명은 錫正, 호는 夕汀, 釋靜, 石志永, 砂羅, 胡星, 蘇笛, 曙村)은, 당시(唐詩)를 좋아했던 가난한 한학자이자 한약방을 경영하던 소암(素庵) 신제열(辛濟烈)의 손자이다. 간재의 문하를 출입하던 한학자이자 가업(家業)이었던 한약방[옥성당(玉成堂)이라는 옥호를 가진 한약방으로 석정의 형과 조카(祖永)대까지 4대에 걸쳐 운영되었음.]을 경영하던 아버지 기온(基溫)과 어머니 이윤옥(李允玉)의 3남 2녀[위로 두 누이(錫珠, 錫永)와 형님(錫錍), 아래로 누이동생(錫雨)] 중 차남으로, 부안읍 동중리(東中里) 307-2번지에서 1907년 7월 7일에 태어났다.

이후 부안군 행안면 역리 서옥 부락, 동진면 창북리, 금산리를 거쳐 여덟 살 무렵 부안읍 선은리(仙隱里) 505번지로 이사하여 정착하였다. 여기서 그는 부안보통학교를 다녔으며, 1923년 5월에 김제 만경(萬頃) 규수로 두 살 아래인 박소정(朴小汀: 본명은 姓女로 시인이 자신의 이름과 어울리도록 개명하였음.)과 결혼하였다. 슬하에 자녀로는 4남[孝永, 悌永(사망한 것으로 기록되어 있으나 월북), 光淵, 光漫] 4녀[一林(전북대 명예교수 최승범의 부인), 蘭, 小淵, 葉]를 두었다.

석정은 한학자인 할아버지와 아버지의 영향을 받아 어렸을 적부터 한학(漢學)을 공부하였으며, 특히 할아버지는 그에게 당시(唐詩)를 읽게 함으로써 시인이 될 수 있는 소양을 길러 주었다. 석정의 아버지는 근대 학문이나 문학보다는 한학 공부를 권할 정도로 완고한 분이었다. 그래서 시업(詩業)의 눈은 할아

1953년 장녀 一林의 결혼식을 마친 석정 일가(뒷줄 안경 쓴 이가 사위 崔勝範)

버지로부터 이어받을 수 있었지만, 문학 공부는 아버지의 반대와 감시의 눈 아래에서 할 수밖에 없었다. 그의 어머니는 공부를 많이 하지는 않았지만 법도와 사리에 밝았던 분으로, 친구들로부터 참외 하나라도 명분 없이 얻어 오지 말도록 엄하게 가르쳤다.

  1918년 봄, 시인은 늦은 나이에 부안보통학교에 입학하였으나, 다른 학생들에 비하여 한문 실력이 뛰어났기 때문에 2학년에 편입하게 된다. 그는 이 때부터 일본 제국주의의 식민 정책과 더불어 본격화된 근대 학문과 근대 문학을 공부하기 시작하였으며, 6학년 때에는 전교생을 선동하여 동맹 휴학을 일으킨 것이 문제가 되어 무기 정학을 받았다가 겨우 복교를 해서 1923년 3월에 졸업생 16명 중 2등으로 졸업하게 된다. 그러나

석정은 이 5년 동안 일제 식민지 교육을 받으면서 민족적 수치심을 절실히 느낄 수 있는 두 가지 사건을 경험하게 되며, 올곧은 그의 성품 탓에 이 사건의 처리에 앞장서서 대응하다가 고초를 겪기도 한다.

그 한 사건은 김병연(金炳淵)이라는 후배 학생이 친구들과 공차기를 하다가 잘못하여 공이 담 너머 일본 사람[川野長久]의 집으로 들어가 배추 한 포기를 상하게 한 것이었다. 이에 화가 난 일본 사람은 공을 발기발기 찢어 담 너머로 다시 내던졌다. 김병연이라는 소년이 너무나 억울하여 일본 학생들이었다면 용서했을 것이라고 투덜대자, 그 일본 사람은 이 소년을 걸음을 옮겨놓을 수 없을 정도로 때리고, 곧바로 학교로 끌고 가 무기 정학을 내리도록 하였다.

이 때 절룩거리며 귀가하는 이 소년을 한쪽에서 부축하여 데리고 가는 한 상급생이 있었다. 그 상급생은 정학이 된다고 하더라도 절대 굽히지 말고 매일 책가방(당시는 책보)을 들고 학교로 나오라고 이 소년을 격려하였다. 다음날 이 소년이 상급생의 말에 따라 학교에 나오자, 전체 학생들의 분위기가 뒤숭숭해졌다. 이 같은 분위기 때문에 이 소년에게 내려진 무기 정학은 얼마 가지 않아서 해제되었으며, 이 때 소년을 격려한 상급생이 바로 신석정이었다.

또 다른 사건은 시인이 6학년 때 벌어졌다. 어느 날 일본인 담임 선생이 수업료를 내지 못한 학생 하나를 전체 학생들이 보는 앞에서 발가벗기는 사건이 있었다. 이 사건을 접하면서 신석정은 가난한 식민지 백성으로서의 슬픔을 넘어 민족적 수

치심을 느끼기에 이른다. 그래서 그는 전교생을 동원하여 동맹휴학을 일으켰으며, 이를 문제삼아 학교 당국은 시인에게 무기정학의 조처를 내린다.

우여곡절 끝에 겨우 보통학교를 졸업한 그는 가난한 집안에서 농사일을 도우면서 한학을 공부하는 한편, 춘원 이광수의 소설 등을 읽으면서 가족들이 반대한 문학 공부에 열을 올리게 된다. 이 시기 그는 석정 문학의 고향이라고 할 수 있는 서림공원의 숲길을 거닐면서, 매창의 〈이화우(梨花雨) 흩날릴 제 울며 잡고 이별한 님〉을 노래하면서 봄을 지냈으며, 베를렌(Paul Verlaine)의 〈가을의 노래〉를 읊으며 하루 해를 보냈고, 구르몽의 '시몬'을 부르면서 낙엽을 밟았다.

때로는 주변에 알맞게 자리잡은 나지막한 구릉의 잔디밭이나 산언저리 백화등이 칭칭 감고 올라간 바위 밑을 찾아가서는 어슬어슬 황혼이 먼 바다를 걸어올 때까지, 오랑캐 꽃빛 섬이나 저녁 노을에 붉게 타는 수평선을 덧없이 바라보면서 아득한 꿈을 멀리 띄워 보내기도 했다. 그리고 이렇게 지내는 동안 북원백추(北原白秋)의 〈우사기노템뽀〉와 하목수석(夏木漱石)의 단편을 거쳐서 투르게네프의 〈사냥꾼 일기〉에 맛을 들이게 되고, 하이네의 『서정소곡』에 군침을 흘리는 문학 소년이 되었다.

특히 열여덟 살이 되던 1924년은 불행했지만 꿈이 많았던 이 문학 소년에게는 중요한 계기가 된 한 해였다. 그 해 3월 그의 집에는 유달리 긴 머리를 올백으로 넘기고 키가 후리후리한 청년이 찾아왔다. 청년의 이름은 남궁현(南宮炫)으로 전남 영광에 살고 있었으며, 석정 시인의 아버지에게는 진외갓집 아우뻘 되는 사람이었다. 이 청년은 석정의 문학에 대한 취미를 눈치채고는 가지고 온 작은 책보에서 괴테의 〈젊은 베르테르의 슬픔〉과 『창조』라는 잡지를 내놓았다.

　머리가 사뭇 희랍 철학자처럼 긴 이 문학 청년의 로맨틱한 문학담에 시인은 완전히 매료되었으며, 셰익스피어의 〈로미오와 줄리엣〉에 대해서도 이 때 들을 수 있었다. 석정은 이 때의 감회를 다음과 같이 술회하고 있다.

　　지금도 잊히지 않는 것은 진한 오랜지 빛 책가 위에 금자로 찍어낸 〈젊은 베르테르의 슬픔〉은 차라리 가지고 놀고 싶은 책이었다. 일찍이 춘원의 〈무정〉을 읽다가 아버지에게 들켜서 찢기운 뒤로는 처음 대하는 책이었고, 녹색 표지로 얄팍하게 꾸며낸 『창조』 또한 처음 대하는 우리말 잡지였다. 그 때 처음 읽게 된 요한의 〈불놀이〉와 〈봄달잡이〉는 시방도 서슴없이 내 머리에 떠오르는 것이다.
　　　　　―〈나의 문학적 자서전〉, 『난초잎에 어둠이 내리면』―

　신석정은 이 청년의 제안을 받아들여서 일찍이 간재가 문하생과 더불어 학문을 연마했으며, 자신의 나이 6~7세 때 아버지가 간재의 문하에서 수학하던 계화도를 찾게 된다. 계화도는 부안에서 서쪽으로 약 20리 떨어져 있었으며, 날마다 산언저리에서 바라보던 섬으로, 한 번은 꼭 가보고 싶었던 섬이었다. 시인은 청년을 따라 섬에 건너가 어느 주막에 들러서 갓 잡아온 주꾸미 회에 막걸리를 처음 마시게 된다. 이 때부터 석정의 남다른 애주(愛酒) 역사가 시작된다.

　그들은 이 섬의 기암 괴석이 즐비한 해안에서 조개껍질도 주위 모으고 모래사장을 걷기도 하면서, 밀려오는 들물에 벅차는 가슴을 그저 바다에 맡겼으며, 언덕에 나란히 누워서 많은 이야기를 나누었다. 이렇게 긴 봄날 하루 해를 보내다가 물때가 되자, 아침에 들렀던 주막에 들러 역시 주꾸미 안주에 막걸리를 반주(飯酒)로 점심을 끝내고 썰물을 따라 섬에서 나오게 된다.

집으로 오는 중에 시인은 10리 바닷길을 걸으면서, 곧장 수평선을 넘어가는 해를 처음 보며 깊은 감격을 맛보게 된다. 집에 돌아오는 길로 석정은 3연 16행의 〈기우는 해〉라는 시 한 편을 써서 바로 청년에게 보여주었다. 청년이 여간 감탄해 마지않았다. 이런 청년의 찬사에 힘입어, 석정은 이 시를 종매부이자 보통학교 때 은사인 소설가 성해(星海) 이익상(李益相)이 학예부를 담당하고 있던 ≪조선일보≫에 투고하여, 그 해 4월 19일자에 '소적'이라는 필명으로 게재되게 된다. 이 시의 전문은 다음과 같다.

    해는 기울고요—
    울던 물새는 잠자코 있습니다.
    탁탁 툭툭 흰 언덕에 가벼이
    부딪치는
    푸른 물결도 잔잔합니다.

    해는 기울고요—
    끝없는 바닷가에
    해는 기울어집니다.
    오! 내가 미술가(美術家)가였드면
    기우는 저 해를 어여쁘게 그릴 것을.

해는 기울고요—
밝힌 북새만을 남기고 갑니다.
다정한 친구끼리
이별하듯
말없이 시름없이
가버립니다.

 신석정의 처녀작(處女作)이라고 할 수 있는 이 시에 대하여, 그는 주요한(朱耀翰)의 〈봄달잡이〉의 섬세하고 아름다운 멜로디에 영향을 받았다고 회고하고 있다. 즉 〈봄달잡이〉의 "달은 물을 건너 가고요……."의 '가고요…….'에 매력을 느껴서, 〈기우는 해〉에 그 기법을 그대로 채용한 것이다. 이렇게 시작(詩作)을 시작하여, 《조선일보》, 《동아일보》, 《조선중앙일보》 등의 일간지에 몇 편의 시를 발표하게 된다.
 이런 중에도 시인은 때로는 문학의 길을 단념할 것을 맹세하고 그 동안 써온 일기·잡문·시 등을 불살랐다가, 다시 쓰기를 몇 번이나 반복하였다. 이 같은 행동은 당시 시인이 느꼈던 인생의 고독과 낭만을 문학에 의지하여 풀어보고자 한 것으로, 이 시기에 시인은 책을 모아들이고 사전을 찾아가면서 톨스토이와 투르게네프를 탐독하였으며, 아내의 결혼 반지를 팔아다가 시집을 사들이곤 했다. 한문 공부, 노장 철학(老莊哲學), 도연명(陶淵明)의 시, 타고르의 세계를 두루 섭렵한 시기도 이 때였다.
 또한 이 무렵 부안에는 일본 와세다(早稻田) 대학을 다닌, 시인의 친형님이 중심이 되어 조직된 '야인사'라는 문학 서클이 있었는데, 이 모임의 회원들은 일본에서 새로운 사조의 세례를

받은 청년들로 매월 원고로 회람하는 작품 활동을 하면서 독일어 공부를 하고 있었다. 이 때 시인은 그 틈에 끼어 적지 않은 문학적 자극을 받았지만, 괴테의 〈파우스트〉를 원문으로 읽기 위해 배우던 독일어를 포기하고 만다. 오히려 당시 에스페란토어 지방 강좌를 하고 다니던 안서(岸曙) 김억의 영향을 받아서, 그와 잦은 서신 왕래를 하면서 문학도의 꿈을 키우고 있었다.

(2) 불경 공부하다가 문학으로

한문, 노장 철학과 같은 동양 사상에 눈을 돌린 신석정은 마침내 불교 철학을 섭렵할 생각으로, 1930년 3월 서울에 올라오게 된다. 그는 아내와 어린것을 소작 논 몇 마지기에 매어 둔 채, 훌쩍 서울로 올라와 마명의 소개로 동대문 밖 대원암(大圓

1930년 겨울, 처음 서울에 가서(가운데가 夕汀)

庵)에 있던 '중앙불교전문강원'의 문을 두드리게 된다. 신석정은 여기서 당시 불교계 교종(敎宗)의 거두였던 석전(石顚) 박한영(朴漢永) 선사를 만나게 된다.

시인의 스승인 석전 선사는 "가장 불행하고도 가장 위대한 한 사람의 시인"(〈시인으로서의 만해〉,『난초잎에 어둠이 내리면』)으로 칭송했던 만해(萬海) 한용운(韓龍雲) 선사와 더불어, 조선 말기의 큰스님들이었던 경허와 만공의 뒤를 이은 거벽이자 대석학(碩學)으로 추앙되고 있었다. 특히 말은 유창하지 아니하였지만, 거침없는 말씀에 뒤따르는 소박하고도 담담한 체취에서 풍겨오는 고매한 스님의 품격은 신석정 시인의 인격 형성에 기층(基層)이 되었다.

그러나 그는 불교에 커다란 매력을 느끼지는 못하고 있었다. 그래서 불경을 배우는 것은 강원에 입문한 시인에게 의무로 지워진 일과였고, 문학 서적을 탐독하는 것이 그 때 시인의 본업이었다. 특히 다른 사람에 비하여 불교에 관한 한 백지나 다름 없던 시인은 불교사전과 씨름을 하면서 『불유교전(佛儒敎典)』, 『사십이장경』을 배우는 것도 힘들었으며, 더구나 뒤이어 『대승기신론(大乘起信論)』을 붙들게 되면서는 어렴풋이 알기 시작한 풋내기 강원의 원생에게 불경 공부는 아주 고역스러운 일이었다. 이 때 시인은 선암사의 승려 출신으로 동요를 쓰다가 노산 이은상을 찾아다니며 배운 시조를 ≪동아일보≫, 『동광』 등에 발표했던 조종현(趙宗玄)을 만나게 된다.

그 해 여름에는 총독부 도서관을 찾아 루소와 타고르의 작품을 탐독하거나, 일찍이 섭렵해 오던 노장 철학을 다시 공부하며 『도덕경』, 『남화경』 등을 읽으면서 보냈다. 이미 불경 공부보다는 문학에 뜻을 두고 있던 시인은, 그 해 가을 무렵에는 문학에 뜻이 있는 승려들을 규합하여 『원선(圓線)』이라는 프린트 회람지를 만들어서 돌려 읽었다.

이처럼 불경 공부를 하던 신석정은 『시문학(詩文學)』 3호에 시 〈선물〉을 발표하였다. 그리고 1931년 5월의 어느 날 난데없는 엽서 한 장을 받게 된다. 사연인즉 자신은 동대문 밖 지리에는 서투르니 틈을 내서 꼭 한번 나와 달라는 용아(龍兒) 박용철(朴龍喆)의 편지였다. 그래서 신석정은 보리수나무 꽃이 강원의 뜰 앞에 만개하여 향기가 진동하는 어느 오후, 『대승기신론』 강의를 끝내던 길로 '시문학사'가 있던 낙원동 박용철의 집을 찾아갔다. 이를 계기로 하여 그는 한복 차림의 창백한 얼굴에 몹시 수척한 청년 박용철을 직접 만나게 된다.

비록 얼굴을 처음 상면한 것이지만 서로 문통(文通)이 있었던 이들이 이야기를 나누는 동안, 마침 까만 명주 두루마기에 흰 고무신을 신은 두메 샛님 같은 시인 정지용(鄭芝溶)과 이와는 대조적으로 스마트한 양복 차림을 한 청년 화가 이순석(李順石)이 찾아오게 된다. 이윽고 술상이 들어와서 서로 주거니 받거니 하여 모두가 술이 거나하게 되자, 정지용은 자신의 시를 비롯하여 석정의 시, 편석촌(片石村) 김기림(金起林)의 시 원고를 펼쳐 들고는 유창한 솜씨로 낭독을 하는 것이었다.

이렇게 정지용의 낭랑한 목소리로 시를 읊어대던 솜씨에 감복하여 모두 밤이 이슥하도록 술을 마시다가 나와서, 신석정은 강원에 갈 생각은 엄두도 못내고 기다시피 서대문 당주동에 있는 성해 댁까지 가서 그 날 밤을 앓다시피 보냈다. 이후 시인은 틈만 나면 '시문학사'로, 연건동의 편석촌 집으로, 명동 다방으로 쏘다니는 시간이 많아졌다. 특히 자주 '시문학사'를 찾아 이하윤·김영랑 등을 만났으며, 이는 '시문학' 동인의 한 사람으로 본격적인 문학도의 길을 시작하는 계기가 되었다.

이 밖에도 그는 거만 무쌍하면서도 다정하여 붙일 맛이 두터웠던 '불교사'의 만해 스님, 편집실 문 밖까지 전송을 나오던 '동아일보사'의 춘원, 쌀쌀하면서 사무적인 태도로 원고를 내놓고 가라던 '동광사'의 요한, 신문사 현관에서 초췌한 모습으로 손님을 보내던 '매일신보사'의 학예부 기자 서해(曙海) 등을 만나고 다녔다. 당시 시인 자신은 어렵기만 했던 불교 경전인 『대승기신론』을 마치고, 인생에 있어 중요한 선택을 하여야 했다. 이 때의 상황을 그는 다음과 같이 설명하고 있다.

> 기신론의 종강을 마치고 나니, 한영(漢永) 스님은 친히 나를 불러 앉혀 놓고,
> "신 군도 이젠 기신론을 끝냈으니 신심이 나는가?"
> "저는 불교를 학문(철학)으로 배운 것이지, 종교로 배운 것이 아닙니다."
> "신심이 안 나다니 신 군은 헛것을 배웠구먼……."
> 태연하게 하시는 말씀인데도 그렇게 명랑한 얼굴은 아니었다. 학문에 신념을 갖는 것과 신심을 내는 것과는 확실히 거리가 있을 것이라고는 생각했지만, 불쑥하고 난 대답으로 스승의 마음을 흐리게 한 것만은 오늘에 이르도록 죄스러웁기 짝이 없다.
> ―〈못다 부른 목가〉,『난초잎에 어둠이 내리면』―

이처럼 그가 배운 불교는 종교라기보다는 학문으로 배운 신심이었다. 그리고 이 신심은 시 정신의 바탕이 되는 신념이자 고귀한 지조라고 생각하고 있었다. 그래서 1931년 가을 그는 금강산으로 입산 수도를 떠나자는 동료들의 간곡한 청과 시골로 떠나면 문학하는 데 시간은 있겠지만 자극을 받을 길이 없으니 떠나지 말고 더 견뎌 보라는 편석촌의 간곡한 이야기를 뒤로 하고 귀향의 길을 서둘렀다.

해가 바뀌어 1932년이 되었다. 대외적으로는 만주사변이 터져 세상의 인심이 뒤숭숭해졌으며, 개인적으로는 어머니의 부음(음력 2월 6일)을 받고 어쩔 수 없이 귀향할 수밖에 없었다. 시인 신석정은 고향에 와서 몇 마지기 안 되는 전답을 지으면서 그 악랄한 지주의 착취 대상으로 고생하고 있는 젊은 아내를 보는 것이 너무 가슴 아팠을 뿐만 아니라, 더구나 마명과 같이 꿈꾸던 신문사 창설이 수포로 돌아가면서 서울 생활을 더 지탱해 낼 도리가 없었던 것이다.

(3) 청구원(靑丘園)에 묻혀

신석정의 이 같은 귀향은 시골로 돌아가 물려받은 가난과 싸우면서라도 좀더 인생을 건실히 살아야겠다는 결의를 실천에 옮긴 것이었다. 그래서 귀향하던 길로 소작 전답을 얻어들이고, 도연명이나 카펜터처럼 일생을 조촐한 속에서 살아갈 것을 다짐했다. 그러나 10여 두락의 소작으로 호구지책을 세운다는 것도 어려운 일이거니와 노동에 익숙하지 못한 죄로 '백수(白手)의 탄식'을 할 수밖에 없었다. 때로는 밀짚모자를 눌러쓰고 모내기 김매기의 뒤서두리도 해보고 채소밭을 가꾸어 보기도 했지만, 농사일과 노동이라는 것이 하루 이틀 만에 몸에 익숙해지는 것이 아니었다.

그럼에도 불구하고 그는 이 같은 빈한(貧寒)과 어려움 속에서도 문학만은 필생의 업으로 삼으려는 굳은 각오도 해 보고, 밤을 세워 독서와 사색을 하였으며, 3년을 걸려서 소작농으로 얻은 수확으로 그 동안 기거하던 오막살이를 면하면서 초가삼간의 집을 마련하여 '청구원'이라는 멋진 이름을 붙이게 된다. 그는 이 시기를 자신의 일생에서 가장 참다운 생활을 한 절정의 시기라고 생각했으며, 이후 자신의 문학과 학문의 재산이 남아 있다면 모두 이 무렵에 읽고 생각한 것의 잔재일 뿐이라고 회고하고 있다.

시인은 이 집의 앞뜰에 은행나무, 벽오동나무, 자귀대나무, 모란 등을 옮겨 심어 가꾸었고, 동쪽에는 감나무, 서쪽에는 시누대를 심어 놓고, 측백나무로 울타리를 둘러 꾸몄다. 이런 청구원의 모습은 1939년 간행된 처녀 시집인 『촛불』에 그대로 그려지고 있으니, 이 시기의 시에 나오는 은행나무와 대숲과 푸른 하늘 등은 모두 꿈과 낭만이 넘치는 신석정 시인의 정신적 편린들이었다. 그는 '청구원'에 거주하면서 정열적으로 작품을 썼으며, 열성적으로 중앙 문단에 작품을 투고하였다. 그래서 각 신문은 물론 『동광』, 『신생』, 『문학』, 『신인문학』, 『조광』, 『신동아』, 『시원』, 『시학』, 『시건설』, 『중앙』 등의 잡지에 많은 시

신석정 고택(전라도 기념물 제84호, 전라북도 부안군 부안읍 선은리 소재)
1932년 석정이 26세 때 건립한 집으로 당초에는 초가삼간을 짓고, 정원에는 은행나무, 벽오동, 목련, 산수유, 철쭉, 시누대, 등나무 등을 심어 청구원(靑丘園)이라고 이름하였던 건물을 복원해 놓은 것이다. 목가적인 전원시집 『촛불』, 『슬픈목가』 등 신석정 초기 시 문학의 산실이다.

▶ 한국문인협회와 SBS문화재단에서 세운 문인표지석

를 발표하였다.

이 시들은 1934년부터 잡지나 신문에 게재되었는데, 그 일부 작품에는 '시집(詩集) 산호림(珊瑚林)의 백공작(白孔雀)에서'라는 내용의 글이 끝에 부기(附記)되어 있는 것으로 보아, 시인은 "산호림의 백공작"이라는 처녀 시집을 기획했던 것으로 보인다. 하여튼 이 시기의 이런 시적 경향은 일찌감치 안서와 편석촌의 눈에 들게 되며, 특히 편석촌은 석정을 '목가 시인(牧歌詩人)'(김기림, 「1933년 시단의 회고」, 『시론』, 백양당, 1947)이라고 명명하기에 이른다.

이 무렵에 멀리 황해도에서 중학교를 갓 졸업한 문학 소년인 장만영(張萬榮)과 고창에서 중학교 2학년에 다니던 문학 소년인 서정주(徐廷柱)가 매년 부안의 청구원을 찾아왔다. 서정주는 패기 만만한 기백을 지닌 청년이었으며, 장만영은 백절불굴의 노력을 보이는 문학 청년이었다. 이 당시 인연으로 석정과 장만영은 동서의 인연을 맺었으며, 석정도 매년 서울에서 정지용·김기림·김광균·이봉구 등을 만났고, 장만영을 찾아 황해도 백천(白川) 온천을 방문하기도 했다. 이 시기에 김안서·김기림 등과도 많은 문학적 교류를 했으며, 1934년에 김기림과 같이 찍은 사진은 이 같은 친분 관계를 짐작하게 한다.

또한 가람 이병기(李秉岐)와 시조 시인 조운(曺雲)이 자주 찾아주어 오랫동안 친분을 유지하였다. 이 때부터 석정은 가람을 자신의 문학적 스승으로 모시면서, 해방 후에는 '조선문학가동맹'에 같이 참여했으며 6·25 이후 7~8년 동안 전북대학교에 출강하여 강의를 같이 하기도 했다. 전남 영광에 살고 있던 시

1939년에 간행된 〈촛불〉의 초고 처음 제목은 "珊瑚林의 白孔雀"으로 되어 있다.

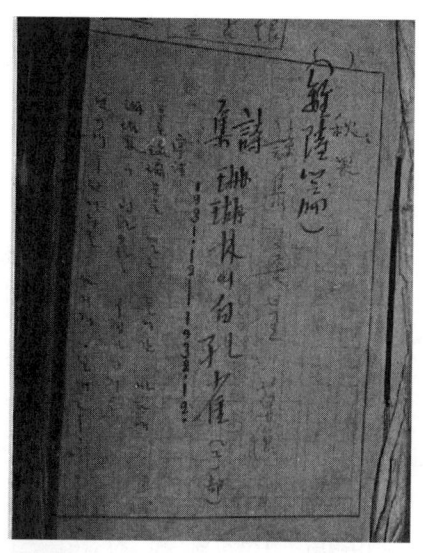

1934년 백천 가는 길에 서울에서 김기림과 함께(오른쪽이 석정)

조 시인 조운과는 엽서 한 장 주고받는 데도 남다른 정이 서려 있었으며, 만나서 펴는 정이 또한 극진하였다고 회고하고 있는데, 이런 점은 다음과 같은 조운의 시조에 잘 나타나 있다.

  예서 부안이 북으로 백오십 리
  모르던 옛날에는 천오백 리만 여겼더니
  이제는 시오 리 남짓, 되나마나 합니다.

  내 고장 산과 물이 부안만이야 하리마는
  해불암 하루 저녁 쉬어감직한 곳이니
  신나무 제 철이 되거던 한번 찾아주소서.

 1939년 신석정의 첫 시집인 『촛불』(인문평론사)이 간행되어, 같은 해 12월 28일 오후 6시 경성 그릴에서 문단의 지우(知友) 30여 명이 모여 출판 기념회를 성황리에 열었다. 이 자리에는 김기림·이병기·김안서 등이 참가하였으며, 김소운(金素雲)·이육사(李陸史)·신석초(申石艸)·이원조(李原朝)·임화(林和) 등을 처음 만날 수 있었다. 그는 이들에게 받은 극진한 환대를 "그 뜨거웠던 악수는 지금도 내 체온의 한 구석에 남아 있는 것만 같다."고 회고(〈못다 부른 노래〉, 『난초잎에 어둠이 내리면』)하고 있다.
 1930년대 후반의 문학 외적 상황은 일제 파시즘이 강화되면서 암흑기로 치닫고 있었지만, 문단 특히 시단은 찬란한 전성기를 맞이하고 있었다. 『신동아』, 『조광』, 『신여성』 등의 종합지, 『문장』과 『인문평론』의 문학지를 비롯하여, 『시인부락』,

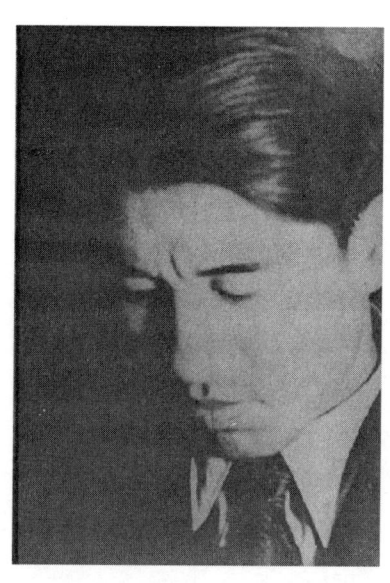

1934년 첫 시집 『촛불』을
구상하던 무렵의 석정

『자오선』, 『풍림』, 『시건설』, 『시원』과 같은 시 전문지가 속속 간행되었으며, 정지용의 시집, 김영랑의 시집, 권환과 이찬의 시집, 김기림의 『기상도』, 박세영의 『산제비』, 백석의 『사슴』, 장만영의 『축제』 등 많은 시집이 출간되었다.

  그러나 이 와중에도 나라 안팎의 사정은 점점 어두워져만 갔다. 『문장』지에 기고한 시가 두 차례나 붉은 잉크로 교정되어 돌아오더니(그 예로 1939년 7월에는 〈차라리 한 그루 푸른 대로〉가 검열 삭제됨.) 마침내 『문장』은 폐간되었고, 『인문평론』이 『국민문학』이라는 일문(日文) 잡지로 바뀌면서 일본어로만 원고를 써내라는 협박장에 가까운 원고 청탁서가 날아오게 되었다. 이 같은 암흑기를 겪으면서 많은 문인들은 시골로 떠났고, 서

1. 생애와 저작 활동

울에는 친일 문학에 종사하는 어용 문인들만이 활개를 치게 된다. 신석정 역시 이 숨막히던 시절에 창씨 개명(創氏改名)을 하며 구차한 삶을 견뎌내야만 했다. 다음의 글은 이런 부끄러운 삶에 대한 솔직한 고백이다.

    작건 크건 한 시인이나 작가가 의지하는 철학이 없다는 것은 캔버스 위에 2차원의 평면에서 만족하는 화가의 비극이 아닐 수 없다. 공간 구성이 없는 한 어찌 거대한 인간상의 집약을 찾아낼 수 있으랴?
    일정의 억압과 착취가 범람하는 그 당시, 나는 일제와 정면으로 싸울 수 있는 용감한 청년이 못 되었다. 예술의 목적을 싸우는 데만 둘 수 없었다. 생활을 승화시킨 꿈의 세계에서 미의 절정을 찾아내려 하였을 때, 사람들은 흔히 나를 가리켜 목가 시인이라 불러 주었다.
    다만 일제에 저항하지 못한 것이 부끄러울 뿐, 그렇게 불리워지는 것을 탐탁하게 여긴 바도 없거니와, 그렇게 불쾌하게 여긴 적도 없다.
           — 〈나의 문학적 자서전〉, 『난초잎에 어둠이 내리면』 —

그리고 이 당시 시인 신석정의 고민과 아픔에 대한 기록은 해방이 된 1947년에 『슬픈 목가』(낭주문화사)라는 제 2 시집으로 간행되었다. 따라서 이 시집은 작품 하나 제대로 발표할 수 없는 숨막히는 현실 속에서, 술과 친구에 휩쓸려 그저 목숨만 부지하고 있던 행동하지 못하는 나약한, 그러나 지조 있었던 지식인 시인의 자화상을 확인시켜 주고 있다.

(4) 기억하고 싶지 않은 시절

 지나간 과거는 기억이 나지 않아서 기록하지 못하는 경우도 있지만, 기억하고 싶지 않아서 기록하지 않는 경우도 있다. 이 두 경우에 한정하여 신석정의 기록들을 살피면, 한 가지 특징적인 현상이 발견된다. 그것은 그의 문단 활동에 대한 많은 과거의 기록들이 1945년 해방을 전후로 하여 끝나고 있다는 사실과 해방 이후의 대부분의 기록은 그가 즐겨 찾던 산이나 그가 아끼면서 가꾼 정원에 대한 글로 국한된다는 사실이다. 그렇기 때문에 해방 이후의 문단 활동은 대부분 주변 사람들의 기록이나 기억에 의존할 수밖에 없게 된다.
 그 이유는 아마도 해방 이후 자신의 문단 활동이 별로 기억하고 싶지 않은 것이거나 아니면 영원히 망각하고 싶은 사연들을 간직하고 있기 때문일 것이다. 아울러 이 단계에서 우리는 신석정이 비록 가난했지만 지조를 지키려고 했던 몇 안 되는 시인이었다는 사실을 상기할 필요가 있다. 또한 해방 이후의 사회적 상황 역시 가난한 지방의 한 시인에게는 자유스럽게 자신의 글을 쓸 수 있는 여건을 마련해 주지 못하였다는 점도 십분 감안하여야 한다.
 이런 점을 감안한다고 하더라도 실제로 해방 전후 시인이 겪었던 생활을 재구성하기는 쉽지 않다. 단지 이 당시 상황을 짐작하게 하는 몇 줄의 글과 해방 직후에 간행된, 그리고 해방 직전 암흑기의 삶을 기록한 시집 『슬픈 목가』를 통하여 그 내면 세계를 추적할 수밖에 도리가 없다. 그러나 몇 줄 안 되는 기록 역시 서로 다른 진술을 하고 있어 진위를 가리기는 쉽지 않다. 다만 시집 재간본이 나오는 과정에서 일부 내용이 훼손되고 있으니, 이런 초간본과 재간본의 차이를 비교하여 몇 가지 사실을 단편적으로 추적할 수 있을 뿐이다.

우선 시집을 살펴보면, 먼저 눈에 띄는 것이 김아(金鴉)라는 사람이 쓴 서문 〈『슬픈 목가』에 받치는 글〉과 자신의 발문인 〈나의 몇몇 시우에게 ―『슬픈 목가』의 뒤에〉가 재간본에는 빠져 있으며, 〈방〉이라는 시 한 편이 빠져 있고, 일부 시의 제목이 바뀌거나 '헌시'의 부제로 붙은 실명(實名)들이 영문 약자(略字)로 대체되고 있다는 사실이다. 이 중에서 주목을 요하는 것은 김아라는 사람의 존재와 그의 서문 내용, 그리고 이에 화답(和答)하고 있는 석정의 발문 내용이다. 그 내용의 일부를 보자.

그러나 팔십노령(八十老齡)의 피카소가 공산당(共産黨)에 입당(入黨)하였다는 이즈막에 있어―.
이제 석정(夕汀)의 가슴에는 다시 푸른 꿈이 깃드리기 시작하였고, 그에게는 푸른 산(山), 흰구름 만이 그의 시(詩)가 아니요, 조선(朝鮮)의 세계(世界)의 인민(人民)도 또한 그의 시(詩)가 될 수 있으리라는 것을 믿는 나의 심사(心思)는 과연(果然) 부질없는 꿈일 것인가?
― 김아, 〈『슬픈 목가』에 받치는 글〉―

"인제 어디로 가겠느냐?"구요. 성한 피가 내 혈관(血管)을 도는 한(限), '새벽'과 '아침'과 대담한 '대낮'을 찾어, 끝끝내 한 송이 해바라기로 다시 피여보리라. 그것은 어느 가난한 마을 울 옆이래도 좋고, 나지막한 산(山) 기슭이라도 좋겠습니다.
― 〈나의 몇몇 시우에게〉―

위의 글이 일제 말과 해방 직후에 많은 영향을 끼쳤던 공산주의자 김아의 부탁이고 이에 대한 신석정의 대답이라고 하면 지나친 확대 해석일까? 그러나 그렇지만은 않다고 생각한다. 우리가 앞으로 살펴볼 이 시집의 초간본에 실린 〈방〉이라는 시나 해방의 노래인 〈꽃덤풀〉의 내용은 시인의 사상적 변모가 심상하지 않음을 암시하고 있다. 또한 해방 후 그와 친근했던 많은 시인들(이병기, 김기림, 정지용 등)이 선택한 길에 대하여 무관심할 수만도 없다. 주로 해방 이후에 좌파 문인들이 선택한 '조선문학가동맹'에 직접 참여하지는 않았다고 하더라도, 그의 해방 직후의 시는 그들의 사상적 지향을 어느 정도 용인하고 있었다.

그러나 '목가 시인'이었던 신석정에게 이런 서울의 상황이 모두 마음에 들었던 것은 아니었다. 그래서 그는 각박하기만 한 서울 생활을 정리하고 또 한 번의 귀향이자 마지막 귀향을 선택하게 된다. 몇 줄밖에 되지 않는 시인 자신의 기록을 살펴보자.

> 그 동안 흩어졌던 문인들이 모두 서울로 돌아왔다. 나도 서울로 기어올라왔다.
> 1년을 꼬박 참고 견디다가, 나는 또다시 귀향을 하고 말았다. 해방된 서울은 너무도 숨이 막히는 곳이었다. 시골 중·고등학교를 전전하다가 전주로 온 지도 벌써 17년.
> ―〈못다 부른 노래〉, 『난초잎에 어둠이 내리면』―

해방을 맞던 해가 서른아홉 나던 해였으니, 그 때만 해도 삼십 대의 벅차오르던 꿈을 좀체 주체할 길이 없어 그 길로 바로 서울로 뛰어갈까 하다가, 몇몇 뜻있는 친구와 더불어 고향에 중학교를 세우기로 의견을 모아, 그 해 9월 부랴부랴 '중학 설립 기성회'를 만들고 이듬해(1946년) 3월 1일을 기해서 중학교 문을 열게 되었던 것이다.

(중략) 가까스로 선생님은 거의 모시게 되었으나, 국어 과목만은 구할 길이 없어서 부득이 당분간 맡는다고 맡아 오게 된 것이 끝내 정년(停年)에 이르는 오늘까지 맡게 되었다.

—〈정년의 눈물〉, 『난초잎에 어둠이 내리면』—

이 기록들을 종합하여 보면, 해방 직후에 서울 갔다가 부안에 중학교를 세우면서 귀향한 것으로 정리할 수 있다. 신석정은 귀향 이후 즉 1946년부터 고향에서 교직 생활을 하게 된다. 1947~1949년 사이에 김제 죽산중학교, 1949~1950년 사이에 부안중학교에서 국어를 가르치는 새로운 생활을 선택한 것이다. 이 시기는 그가 항상 자랑했던 제자들과 만날 수 있는 시기였고, 대자연 속에서 모처럼의 여유도 즐길 수 있는 시기였다. 이어 1951년부터는 전주에 올라와서 《태백신문》이라는 조그마한 일간지의 편집 고문으로 일하게 된다.

그러나 이 시기 그의 삶은 곤궁 그 자체였다. 작은 신문사의 편집 고문이라는 자리 그 자체가 불안정했던 것처럼, 물질적인 대우도 변변치 않았던 것이다. 더구나 이 때는 6·25라는 전시 상황이었다. 그래서 그는 '청구원' 시절에 어렵게 마련한 책들을 내다 팔아야 했으며, 『촛불』과 『슬픈 목가』의 출판권을 쌀 두 가마에 넘겨주어야 하는 비참한 현실을 감당할 수밖에 없었다. 그리하여 〈귀거래사〉를 읊조리던 도연명이나 전원 시인 솔

로우가 되고 싶은 마음의 여유마저도 찾을 수 없는 절박함 속에서 하루하루를 살고 있었다.

그러던 1954년 석정은 젊은 시절의 꿈과 한을 간직하고 있던 '청구원'을 떠나, 전주 노송동으로 이사를 하게 된다. 전주고등학교에서 교편을 잡기 위해서였다. 그러면서 어느 정도 생활이 안정되자, 전북대학교와 영생대학에서 강의를 하거나 지역 문단 활동에 활발히 참여하기 시작한다. 이 과정에서 1954년에는 『중국시집』(정양사), 1956년에는 제3시집 『빙하』(정음사), 1958년에는 이병기와 공저로 『명시조 감상』(박영사), 대역본 『매창시집』(낭주매창시집간행회)을 간행하게 된다. 그리고 이런 공로가 인정되어 1958년에는 '전라북도 문화상'을 수상하게 된다.

한 시인의 일생에서 가장 어려운 시기를 겪으면서, 그는 이를 문학적으로 승화시킨 것이다. 해방의 격동, 6·25 전쟁, 이런 국난과 같이 찾아온 가난함. 이것은 신석정이 일제 강점기의 말기에 겪었던 정신적 고통과 비견될 수 있는 물질적 고통이었다. 그러나 시인은 이런 어려움을 훌륭하게 이겨냈다. 많은 제자들을 만났고, 이들과 많은 여행을 하면서, 문학과 생활을 밤이 새도록 이야기했다. 이 점은 그의 수상집인 『난초잎에 어둠이 내리면』에 실린 글들에 섬세하게 그려져 있다.

(5) '오류(五柳)' 선생을 본받아

그러나 호사다마(好事多魔)라고나 할까? 시인 신석정에게 또 다른 고난이 준비되고 있었다. 그것은 그가 원래 아무렇게나 적응하여 살거나, 좋은 것이 좋은 것이라고 인정하면서 살 수 없는 사람이었기 때문에 찾아온 것이다. 시인의 글이나 생활을 읽다 보면, 자연이라는 말과 더불어 항상 가까이 있는 글자가 지조임을 알 수 있다. 그것은 가난했지만 한학을 한 집안의 내력으로부터 잉태되었던 것이고, 공부를 하는 과정에서 박한영이나 만해 선사에게 배운 것이었다. 일제 말기의 고통 속에서 지키고자 했던 것이며, 후배이면서 항상 존경해 마지않았던 조지훈이 강조했던 정신이었다.

 이승만 독재 정권을 물러나게 했던 4·19. 그러나 이것은 널리 알려진 바와 같이 미완의 혁명이었다. 실패한 혁명이었다. 이 시기 그는 문학의 현실에 대한 참여 문제를 적극적으로 제기하기에 이르며, 이를 구체적인 작품 창작을 통하여 보여주기도 한다. 즉 그는 "적어도 한 편의 시는 현실의 파편이 아니다. (중략) 그러기 위해서는 우리들의 내부에 누적되어 있는 대상의 파편을 창조의 인자로 변혁시켜야만 현실에 참여하여 대결과 저항으로써 창조 작업을 수행할 수 있을 것이다."(「한국의 현대시」, 『자유문학』, 1960. 5)라는 생각을 가지고 있었다. 이 때를 회고하는 글에서 그는 자신의 심정을 다음과 같이 말하고 있다.

 그렇다. 참는 길에, 그저 벙어리처럼 꾹 참아보자는 것이 예나 다름없는 나의 숨김없는 심정이다. 그렇다고 체념이라거나 귀의라거나 적멸(寂滅) 같은 지극히 동양적인 예의에 내 낡은 설계도를 그대로 묻어 두고 싶은 것은 아니다. 그런 생각은 추호도 없고 있어서도 안 될 것이라고 신념한다. 참고 견디는 동안 이 낡은 설계도에 첨삭과 수정과 보충이 있을 것은 부정할 수 없는 것이다.
  4·19는 혁명이라고 한다. 모든 시인이 목청을 다듬어 노래하기에 인색하지 않았다. 그러나 '洞馬異鞭'의 작은 반란이요, 또 하나의 똑같은 낡은 말이 내닫는 것은 마치 내 낡은 설계도와 다름이 있으랴? 악마에게 앗긴 오늘이 내일까지 영원히 악마의 것일 수는 없지 않느냐? 차라리 붓을 꺾고 말지언정 멍든 역사와 얼룩진 현실을 찬미하고 구가할 수는 없다.

        ― 〈동문서답〉, 『난초잎에 어둠이 내리면』 ―

  시인은 이런 정신에 입각하여, 〈전아사(餞迓詞)〉, 〈쥐구멍에 햇볕을 보내는 민주주의(民主主義)의 노래〉, 〈단식(斷食)의 노래〉를 발표하게 된다. 그리고 5·16 직후 〈단식의 노래〉 때문에 당국에 연행되어 고초를 겪어야만 했으며, 결국 전주고등학교를 그만두고 김제고등학교로 옮겨 가야만 했다. 1963년 전주상업고등학교로 자리를 옮겼고, 1965년 '문협' 전북지부장 시절에는 '전주시 문화상'을 수상했으며, 1967년 '예총' 전북지부장을 맡으면서 제4시집 『산의 서곡』(가림출판사)을 출간하였다. 1968년에는 '한국문학상'을 수상하기도 했다.
  그러나 다시 석정은 다른 사람들은 쉽게 넘는 검열의 문턱을 넘지 못한다. 즉 1969년 그가 쓴 시가 문제가 되어 남산(南山)에 끌려가서 문초를 받고 내려오면서 〈서울 1969년 5월 어느날〉이라는 비통한 시를 남기게 된다. 결국 무혐의로 사흘 만에 풀려났지만, 이 경험은 시인에게는 대단한 충격이었다. 그리고 이 시기의 시는 이런 어려움에도 불구하고 대나무와 같이 꺾이지 않는 지조의 정신과 태산목과 같은 의연함을 보여주고 있다. 그 대표적인 업적이 1970년에 간행된 제5시집인 『대바람소리』(한국시인협회)이다.

1970년 제5시집이 간행된 이후 시인은 굉장히 왕성한 시작 활동을 하였다.(한 조사에 의하면 유고시까지 대략 120편을 창작하였다고 한다.) 그 한 예로, 1971년에는 제6시집을 위해 그 동안 발표한 시작품을 정리해 두었다가 그 일부인 13편을 『밀림대』(한국문협 전북지부, 1971. 4)에 소개하기도 하였으며, 이 1년 동안에만 ≪조선일보≫, ≪한국일보≫, 『신동아』, 『월간중앙』, 『창작과 비평』, 『전북문학』 등에 40여 편을 발표하고 있다. 그리고 이런 공로가 인정되어, 1972년 '문화 포장'을 수상하였다. 아울러 같은 해 9월 5일에는 전주상업고등학교에서 20여 년을 몸담았던 교직을 마무리하고 정년 퇴임한다. 1973년 10월에는 '대한민국예술문화상'이라는 영예로운 상을 수상했다.

1973년 대한민국예술문화상을 받고
좌우엔 부인과 故 박종화 시인이 함께 자리하고 있다.

시인 신석정은 이 당시 도연명이 될 수 없는 어려운 사회 상황 속에서도 도연명이 되고자 했다. 그래서 도연명을 흉내내어 다섯 그루의 버드나무를 심었지만, 이웃의 성화에 견디지 못하고 두 그루를 베어내서 결국 '삼류 선생(三柳先生)'이 되고 말았다고 자기 평가를 내리고 있다. 인생살이에서 삼류(三流)였던 것이다. 경제적으로 풍요한 생활도 아니었을 뿐만 아니라, 여유 있는 생활과는 일찍부터 거리가 멀었다. 신석정 시인은 평생토록 큰 욕심을 부리지 않았으며, 작은 정원을 가꾸면서 소박한 삶을 살고자 했다. 그것은 일찍이 청구원에서 꿈꾸었던 것이기도 하며, 해방 이후 어지럽기만 한 세상을 보면서 한 시인이 할 수 있는 최선의 선택이었다. 그리고 이런 점은 그가 몸소 가꾼 정원을 살펴보면 잘 알 수 있다.

> 40평 남짓한 앞뜰에 그저 되는 대로 질서없이 심어놓은 나무를 세어 보자면, 시누대·식나무·수수꽃다리·태산목·꽝꽝나무·북가시나무·칠영수·백목련·독일 가문비·이팝나무·석류나무·치자·뽀뽀나무·동백·호랑가시·낙우송·산수유·국로·감나무·모란·청매·벽도·은행나무·후박·철쭉·막태기나무·개나리·서향·파리똥나무·죽도화 등 30여 종이 있고, 이 밖에 장미가 10여 종이고 보니, 그 면적에 비하면 초만원인 셈이다.
> 이 나무들 사이에 숙근초는 수선화·백합·국화·파초가 자리를 잡고, 콘크리트 항아리에는 백련이 있어 모두 제철을 기다리고 있다.
> ─ 〈정원 이야기〉, 『난초잎에 어둠이 내리면』 ─

그리고 이 자연 속에서 인간을, 예술을 찾고 있었다. 사람은 사람을 속이지만, 자연은 사람을 속이지 않는다는 사실을 그는 알고 있었던 것이다. 그렇기 때문에 그의 문학은 최고나 일류는 아니었지만, 삼류(三流)는 더더구나 아니었다. 초기 시를 통하여 아름다운 자연과 서정의 세계를 독자들에게 전하려고 했다면, 그의 후기 시에서는 사람이 살아가는 도리나 일상 속에서 사람들이 평생 지켜야 하는 생활의 지침을 학생들에게 가르치고 있다. 그는 생활인이기 전에 시인이고자 했으며, 모든 사람들에게 꿈과 희망을 가르치는 영원한 교사이고자 했다.

1973년 12월 신석정은 '전북문화상'을 심사하던 도중 고혈압으로 쓰러져 병석에 눕게 되어 7개월의 눈물겨운 투병 생활 끝에 1974년 7월 6일 사망하였다. "내 마지막 원이니 의자에 한 번만 앉게 해 달라."는 마지막 글을 남기고, 그는 이 세상을 영원히 하직하고 전북 임실군 관촌면 신월리의 차가운 땅에 묻히고 말았다. 시인이 이 세상을 떠난 직후인 1974년 7월 20일 유고 수상집인 『난초잎에 어둠이 내리면』(지식산업사)이 출간되었으며, 1976년 7월에는 전주 덕진공원에 '신석정 시비'가, 1986년에는 시비 옆에 동상(배형식 제작)이 건립되었다.

"내 마지막 원이니 의자에 한번만 앉게 해달라"던 1974년 임종 무렵의 글씨

2

어머니, 산(山), 대바람소리

(1) 신석정과 나

 일제 시대에 붉은 벽돌로 지은 교실의 화단 옆에 까치발로 서서 건물 안을 들여다보는 조무래기 중학생이 있다. 이 까까머리 중학생은 창문 너머로 반백의 긴 머리를 날리면서 한 손에 국어 책을 들고 시를 가르치는 한 음유시인을 바라보고 있다. 중학생이 본 노시인은 세월의 무게를 상징하는 얼굴에 앉은 검버섯과 이마에 새겨진 깊은 주름에도 불구하고 항상 웃음을 머금고 있으며, 깡마르고 훤칠한 키 때문인지 수수한 빛깔의 양복이 헐렁하게 걸쳐 있는 듯하다.
 중학생은 지금 친구와 같이 친구의 외할아버지 집에 들어서고 있다. 그 집의 굉장히 넓은 정원에는 이름을 알 수 없는 많은 나무와 꽃들이 빽빽하게 있어서, 중학생은 깊은 산 속에 들어온 것 같은 착각을 한다. 이 정원을 지나서 중학생은 일제 시대쯤에 지었으리라고 생각되는 넓은 대청이 있는 건물로 들어서면서, 대청 마루의 앉은뱅이 책상에 앉아 무엇인가를 읽고 있는 한복을 입은 할아버지에게 인사를 한다. 그러다가 그 중학생은 엄숙하고 경건한 분위기에 스스로 압도되어, 희미해지는 영화의 화면처럼 슬그머니 어디론가 사라진다.

　이상의 두 영상은, 내가 눈을 감고 있으면 머리 속에 떠오르는 신석정 시인의 모습이다. 때로는 아스라한 모습으로, 때로는 선명한 모습으로 말이다. 그리고 두 영상에 나오는 중학생은 어느덧 시를 연구하는 연구자가 되어, 자신의 기억 속에 남아 있는 그 할아버지, 아니 노시인에 대하여 글을 쓰고 있다. 나는 지금 이름도 제대로 기억나지 않는 옛날 친구의 외할아버지에 대하여, 항상 연구자로서 마음속에 무거운 짐으로 남아 있던 시인에 대하여 논의를 시작하고 있다.

　이를 위하여 이 글에서는 신석정의 시적 변모 과정에 나타나는 시인의 의식과 그 의미를 중점적으로 살피고자 한다. 즉 초기의 시를 수록한 『촛불』(1939, 인문평론사)과 『슬픈 목가(牧歌)』(1947, 낭주문화사), 중기의 시를 수록한 『빙하(氷河)』(1956, 정음사)와 『산(山)의 서곡(序曲)』(1967, 가림출판사), 후기의 시를 수록한 『대바람소리』(1970, 문원사)를 대상으로 하여, 서정 정신을 일관되게 구현하고자 했던 서정시의 세계를 읽어낼 것이다. 아울러 이 과정에서 나타나는 신석정이라는 시인의 정신적 실체와 그 변모 과정을 설명하고자 한다.

　이 같은 글은 일찍이 내가 지방 대학에 근무할 때, 좀더 부지런했다면 쓸 수 있었다. 시인의 고향 부근에 근무한 관계로 시인의 행적을 수소문으로나마 알아볼 수 있었으며, 실제로 당시에 내 주위에는 신석정을 기억하는 지인(知人)들도 많았다. 시인을 좋아하여 일찍부터 사숙(私塾)한 사람들, 시인을 잘 알고 있는 친인척들도 많이 있었다. 그리고 이런 이점을 활용하여 글을 썼다면, 보다 충실한 시인론을 썼을 것이다. 그러나 결국 나는 그 때 이 짐을 덜지 못하고 말았다.

그 후로 오랜 시간이 지난 지금, 나는 여전히 신석정론을 쓸 준비가 제대로 돼 있지 못하다는 부끄러운 고백과 변명을 앞세울 수밖에 없다. 시인의 삶에 대하여 알고 있는 것도 두 영상에 나온 정도로 단편적이고, 시 세계를 체계적으로 읽거나 분석하지도 않았다. 다만 개인적으로 가지고 있는 부담감과 짐을 조금이라도 덜어보자는 소박한 마음뿐이다. 그러니 글의 시작이 이처럼 사적인 글쓰기, 아니 개인적인 감회를 토로하는 방식이 된 것이다. 논문도, 평론도, 수필도 아닌 애매한 글로 말이다.

(2) 어머니와 이상향

내 책상 주위에는 시인의 시집 5권이 원본 또는 복사본으로 놓여 있다. 그 동안 여러 권의 신석정 시 선집이 간행되었지만, 시 전집은 내 눈에 띄지 않는다. 그래서 나는 지금 시 선집을 읽고 있다. 시 선집을 다 읽고는 다시 가만히 눈을 감고 무엇을 어떻게 써야 하나를 생각한다. 정말로 시인이 애타게 그리고 싶었던 것은 '촛불'인가, '란이'인가, 아니면 '아내'인가? 좀더 크게 생각한다면, 자연인가, 사람인가?

  아마도 시인은 무엇보다 '어머니', '산', '대나무'를 평생토록 그려내고 싶었을 것이라는 생각이 들었다. 그의 시는 집요하리만큼 이 세 단어에 매달리고 있지만, 이 세 단어의 내포적 의미 관계는 구체적으로 설명되고 있지 않다. 다만 어머니를 그리워하다가 산에 오르고, 이 과정에서 대나무(보기에 따라서는 여러 가지 사물의 하나일 수 있다.)가 자주 등장한 것으로 추론할 수 있을 뿐이다. 그렇다면 시인의 이 세 대상, 즉 시적 대상은 우리에게 어떤 의미를 전달하는 것일까? 그 동안 쓰여진 많은 신석정론은 이 의미를 여러 가지로 설명했을 것으로 추정된다.

  그러나 나는 다른 사람들의 신석정론을 더 이상 읽지 않기로 했다. 내 방식대로 시를 읽고, 내가 읽은 대로 설명하기로 했다. 이를 위해서 먼저 그의 시를 읽어 보자.

    어머니
    당신은 그 먼 나라를 알으십니까?

    깊은 삼림지대를 끼고 돌면
    고요한 호수에 흰 물새 날고
    좁은 들길에 야장미(野薔薇) 열매 붉어
    멀리 노루새끼 마음놓고 뛰어다니는
    아무도 살지 않는 그 먼 나라를 알으십니까?

    그 나라에 가실 때에는 부디 잊지 마셔요
    나와 같이 그 나라에 가서 비둘기를 키웁시다

어머니
당신은 그 먼 나라를 알으십니까?

산비탈 넌즈시 타고 나려오면
양지밭에 흰 염소 한가히 풀 뜯고
길 솟는 옥수수밭에 해는 저물어 저물어
먼 바다 물소리 구슬피 들려오는
아무도 살지 않는 그 먼 나라를 알으십니까?

어머니 부디 잊지 마셔요
그때 우리는 어린 양을 몰고 돌아옵시다

어머니
당신은 그 먼 나라를 알으십니까?

오월 하늘에 비둘기 멀리 날고
오늘처럼 촐촐히 비가 나리면
꿩소리도 유난히 한가롭게 들리리다
서리가마귀 높이 날아 산국화 더욱 곱고
노란 은행잎이 한들한들 푸른 하늘에 날리는
가을이면 어머니! 그 나라에서

양지밭 과수원에 꿀벌이 잉잉거릴 때
나와 함께 고 새빨간 능금을 또옥 똑 따지 않으렵니까?
　　　　　—〈그 먼 나라를 알으십니까〉의 전문—

　시인에게 '먼 나라'는 어디일까? 이 시를 읽으면서 예이츠(W. B. Yeats)의 〈이니스프리의 호도(湖島)〉라는 시가 문뜩 떠올랐다. 예이츠가 가고 싶었던 고향과 신석정이 가고 싶은 나라가 다르지 않다는 생각이다. 다만 신석정은 '어머니'와 같이 가자고 하고 있을 뿐이다. 그 곳은 호수와 숲이 주변에 있으며, 벌이 잉잉거리는 풍요의 땅이다. 온갖 동식물들이 같이 평화스럽게 사는 곳이기에 자신의 몸과 마음도 편안하게 쉴 수 있는 곳이다.

시인이 예이츠의 시를 읽었을까? 이 문제는 지금 나에게 중요하지 않다. 예이츠의 시에 나오는 자연과 신석정의 시에 나오는 자연이 다른 점도 중요하지 않다. 즉 시인이 예이츠의 영향을 받았는지 여부(與否)나 그 이상향(理想鄕)의 이동(異同)은 문제가 되지 않는다. 두 사람 모두가 이상향을 그리고 있다는 점과 신석정의 시에는 어머니가 등장한다는 점이 이 시를 읽는 나에게는 의미 있게 다가온다.

먼저 이들의 시에 그려지고 있는 이상향은 어떤 의미를 지니는 것일까? 실제로 시인들은 이 이상향에 가지 못한다. 신석정은 서울이라는 도시에 있고, 예이츠는 런던에 있다. 지금 가지 못하고, 당장 갈 수 없기에 가고 싶은 마음만 간절하다. 아마도 몸소 갈 수 있는 곳이라면, 이렇듯이 아름답게만 묘사되지 못했을 것이다. 다시 돌아갈 수 없는 곳이기에 마음속에서 이처럼 아름답게 그려지고 있는 것이다.

그리고 이 같은 시 세계는 1930년대 우리 서정 시인들의 시 세계에서 흔히 볼 수 있는 것이기도 하다. 일반적으로 고향 상실이라고 정의되는 시적 상황과 정서를 이 시 역시 보여주고 있다. 고향을 떠났거나 고향을 빼앗겨서 다시는 고향에 갈 수 없는 사람들. 좀더 확대 해석하여 조국을 떠났거나 조국을 빼앗겨서 고국에 갈 수 없는 사람들.(이 방식으로 읽을 때, 해방 후의 작품인 〈꽃덤풀〉의 의미가 바르게 이해될 수 있다.) 이 사람들이 자신들의 고향과 조국에 돌아가고 싶은 마음을 간절하게 표현하고 있다.

다음으로 '어머니'는 어떤 의미를 지닐까? 예이츠의 시에는 다른 사람이 등장하지 않는다. 이에 비하여 신석정의 시에는 어머니가 등장한다. 유아(幼兒) 취미인가. 아니면 정신분석학에서 읽듯이 원형(原型) 추구인가. 이 같은 방식으로 읽는 것 역시 일면 타당성이 있는 해석인 듯 생각된다. 그러나 나는 우리에게 가장 가까운 사람, 가장 편한 사람이 어머니라는 사실을 상기하고 싶다. 언제나 돌아가면 따뜻한 마음과 품으로 반겨 줄 사람, 푸근한 안식처인 고향과 같은 사람이 어머니라는 사실이다.

예이츠는 "일어나 지금 가리, 이니스프리로 가리."에서처럼 혼자 가겠다고 한다. 이에 비하여 신석정은 어머니를 부르면서 같이 가자고 권유하고 있다. 그리고 시인의 시에 자주 등장하는 어머니는 이후 다른 사람으로 바뀌게 된다. 중기 무렵에는 '란이'로, 후기에는 '아내'로 얼굴을 내민다. 이 사람들은 자신이 같이 살고 싶은 사람들이고, 같이 살아가는 사람들이다. 우리 인간들에게 이처럼 같이 살고 싶은 사람들은 누구인가? 이 사람들은 다름 아닌 가족이다. 가족이 모여 가정을 이루고 사는, 혼자가 아니라 같이 사는 동양적 삶을 석정의 시는 반영하고 있다. 다음의 시는 이렇게 모여 사는 사람들의 모습을 그려내고 있다.

　　저 재를 넘어가는 저녁해의 엷은 광선들이 섭섭해합니다
　　어머니 아직 촛불을 켜지 말으셔요

그리고 나의 작은 명상의 새새끼들이
지금도 저 푸른 하늘에서 날고 있지 않습니까?
이윽고 하늘이 능금처럼 붉어질 때
그 새새끼들은 어둠과 함께 돌아온다 합니다

언덕에서는 우리의 어린 양들이 낡은 녹색침대에 누워서
남은 햇볕을 즐기느라고 돌아오지 않고
조용한 호수 우에는 인제야 저녁안개가 자욱히 나려오기 시작
하였습니다
그러나 어머니 아직 촛불을 켤 때가 아닙니다
늙은 산의 고요히 명상하는 얼굴이 멀어가지 않고
머언 숲에서는 밤이 끌고 오는 그 검은 치맛자락이
발길에 스치는 발자욱소리도 들려오지 않습니다

멀리 있는 기인 뚝을 거쳐서 들려오던 물결소리도 차츰차츰 멀
어갑니다
그것은 늦은 가을부터 우리 전원(田園)을 방문하는 가마귀들이
바람을 데리고 멀리 가버린 까닭이겠습니다
시방 어머니의 등에서는 어머니의 콧노래 섞인
자장가를 듣고 싶어하는 애기의 잠덧이 있습니다
어머니 아직 촛불을 켜지 말으셔요
인제야 저 숲너머 하늘에 작은 별이 하나 나오지 않았습니까?
　　　　　　─〈아직 촛불을 켤 때가 아닙니다〉의 전문─

　이 시는 어머니에게 조용조용 말하는 아들의 목소리 형식을
취한 서정시로, 이상향의 여러 표상들과 생명의 요람인 어머니
의 이미지가 결합되어 평화로운 세계에 대한 시인의 희구(希求)
가 표현된 작품이다. 또한 이 시의 전체적인 구조는 단순하지

만, 긴 호흡의 리듬을 통하여 자연의 색채가 빚어내는 친밀감과 환상과 동화적 낭만의 세계를 느끼게 하며, 동양적인 노장철학의 무위자연(無爲自然)의 사상과 루소(J. J. Rousseau)류의 자연설까지도 함축하고 있다.

　이 시에서 시인은 어머니와 같이 자신이 가고 싶었던 이상향에 와 있어서, 그 이상향의 저녁 무렵부터 밤까지를 시간적 흐름에 따라 그려내고 있다. 그 곳은 평화의 땅이며, 아이들의 세상이다. 어머니가 있고, 새새끼가 있고, 꿈이 있는 곳이다. 꼭 어떤 세계라고 한정하기 어려운 원초적인 모습을 간직한 세계이다. 따라서 그 곳에 살고 있는 사람들 역시 꿈을 먹고사는 사람들로, 인간의 원초적인 고향인 어머니와 그 어머니의 아이들이다. 이에 비하여 다음의 시는 어머니의 자리에 시인 자신이, 아이의 자리에 가장 사랑했던 둘째 딸 '란이'가 대체되고 있음을 보여준다.

　　란이와 나는
　　산에서 바다를 바라다보는 것이 좋았다
　　밤나무
　　소나무
　　참나무
　　느티나무
　　다문다문 선 사이사이로 바다는 하늘보다 푸르렀다

　　란이와 나는
　　작은 짐승처럼 앉아서 바다를 바라다보는 것이 좋았다
　　짐승같이 말없이 앉아서

바다같이 말없이 앉아서
바다를 바라다보는 것이 기쁜 일이었다

란이와 내가
푸른 바다를 향하고 구름이 자꾸만 놓아가는
붉은 산호와 흰 대리석 층층계를 거닐며
물오리처럼 떠다니는 청자기빛 섬을 어루만질 때
떨리는 심장같이 자즈러지게 흩날리는 느티나무 잎새가
란이의 머리칼에 매달리는 것을 나는 보았다.

란이와 나는
역시 느티나무 아래에 말없이 앉아서
바다를 바라다보는 순하디순한 작은 짐승이었다
—〈작은 짐승〉의 전문—

　이 시에는 어머니와 아이로 대표되는 원초적인 이상향에 대한 소박한 시인의 감정이 역시 잘 나타나 있다. 산 언덕에 올라 나이 어린 딸과 같이 바라보는 자연의 세계, 그것이 산이건, 들이건, 바다건 그들에게는 중요한 것이 아니었다. 그렇게 바라볼 수만 있다면 '좋았'고 '기쁜 일이었다.' 그리고 그 자연 속에서 그들은 순하디 순한 작은 짐승이었으며, 들판을 뛰어다니는 양떼였다. 이와 같이 이 시는 자연의 세계에 완전히 동화된 삶을 염원하는 마음을 간절하게 표현하고 있다.
　이처럼 신석정의 시는 고향이나 어머니를 노래함으로써, 우리 인간의 가장 순수하고 깨끗한 마음을 읽어내고 있다. 이것은 서정시의 정신을 실현하고 있는 것이라고 할 수 있으며, 민족의 현실 문제(〈꽃덤풀〉)나 개인적인 생활 문제(〈빙하(氷河)〉, 〈전아사

(餞迓詞))를 다룬 중기 시를 제외한 모든 시기의 시에서 일관되게 나타난다.

(3) 산(山)과 정신

신석정 시인은 어머니와 더불어 '산'을 자주 노래하고 있다. 주로 중기 시에 나타나는 경향이지만, 시인은 산에서 많은 것을 보고 느끼고 있다. 각박해지기만 하는 사회를 떠나 그는 산에 오르고 있으며, 이 산에서 자연이 주는 진리에 대한 깨달음을 얻고 있다. 같이 '먼 나라'를 가자고 권유했던 것처럼, 시인은 이제 산에 같이 오를 것을 권유하고 있다. 그래서 인간 스스로 그 존재를 깨우치자고 한다.

내 가슴 속에는
파르르 날아가는 나비가 있다. 나비의 그 가녀린 나랫소리가 있다.

내 가슴 속에는
굽이굽이 흐르는 강물이 있다. 강물에 조약돌처럼 던져버린 첫사랑이 있다.

내 가슴 속에는
하늘로 발돋움한 짙푸른 산이 있다.
산에 사는 나무와 지줄대는 산새가 있다.

내 마음 속에는

"산같이! 산같이!"하던 '내'가 있다.
오늘도 산같이 산같이 늙어가는 '내'가 있다.
― 〈내 가슴 속에는〉의 3장 ―

  시인은 산에서 자연의 삼라만상(森羅萬象)과 인간을 발견하고 있다. 특히 자기 자신의 모습을 찾아내고 있다. 그것은 이미 객관적인 자연 대상으로서의 산이 아니라, 자신의 마음속에 들어와 있는 산이었다. 그 속에서 그는 한 마리의 나비, 강, 산새를 찾아내고 있으며, 첫사랑에 대한 아련한 기억과 어느덧 산처럼 늙어 가는 자신을 읽어내고 있다. 이처럼 신석정에게 있어서 산과 같은 자연은 인간과 더불어 있는 존재이며, 한 몸뚱이처럼 생사고락(生死苦樂)을 같이하는 존재이다.
  일반적으로 산은 고대 희랍의 신화나 우리의 신화(神話)에서처럼 신과 인간이 만나는 장소이다. 시인 신석정 또한 신과 인간이 만나는 장소로 산정(山頂)을 생각하고 있기 때문에, 시인에게 산은 취미나 여가(餘暇)를 즐기기 위해 찾는 단순한 등산의 대상이 아니라 종교적이고 철학적인 탐구의 대상이다. '먼 나라'로 표현되기도 했던 또 다른 이상향이다. 따라서 시인에게 산은 신앙과 같은 대상이며, 신화의 주인공들이 살고 있는 공간이기도 하다. 다음의 시는 이를 잘 보여준다.

숭고(崇古)한 산(山)의 Esprit는
모두 이 산정(山頂)에 집약(集約)되어 있고
상징(象徵)되어 있다.

— 하여
신(神)은 거기에 내려오고
사람은 거기 오른다.

1

　6월(六月)에 꽃이 한창이었다는 〈진달래〉〈석남(石楠)〉떼지어 사는 골짝. 그 간드라운 가지 바람에 구길 때마다 새포름한 물결 사운대는 숲바달 헤쳐 나오면, 〈물푸레〉〈가래〉〈전나무〉 아름드리 벅차도록 밋밋한 능선에 담상담상 서 있는 〈자작나무〉그 하이얀 〈자작나무〉초록빛 그늘에, 〈사간(射干)〉〈나리〉 모두들 철그른 꽃을 달고 갸웃 고갤 들었다.

2

　씩씩거리며 올라채는 가파른 단애(斷崖). 다리가 휘청휘청 떨리도록 아슬한 산골에 산나비 나는 싸늘한 그늘 〈길경(桔梗)〉이 서럽도록 푸르고 선뜻 돌 타고 굴러오는 돌돌 굴러오는 물소리 새소리 갓나온 매미소리 온 산을 뒤덮어 우람한 바닷속에 잠긴 듯하여라.

3

　〈더덕〉〈으름〉〈칡〉 서리고 얽힌 넌출 휘휘 감긴 바위서리, 그저 얼씬만 스쳐도 물씬 풍기는 향기, 키보담 높게 솟은 〈고사리〉〈고비〉〈관중〉 군락(群落)에 〈마타리〉 끼워 어깰 겨누는 덤불, 짐승들 쉬어간 폭삭한 자릴 지날 때마다 무심코 나도 딩굴고 싶은 산골엔 헐벗고 굶주린 자취가 없다.

4

　발 아래 구름이 구름을 데불고 우릴 몰고 간 골짝엔 어느덧 빗발이 선하게 누비는데, 〈전나무〉 앙상한 가지에 유난히도 눈자위가 하이얀 〈동박새〉 외롭게 우는 소릴 구름 위에 위치하고 듣는 사양(斜陽)도 향그러운 길섶, 늙어 쓰러진 나무를 나무가 한가히 베고 누워 산바람 속에 숨이 가쁘다.

5

길 넘는 〈억새〉 〈시나대〉 번질한 속을 짐승인 양 갈고 나가면 산정(山頂) 가까이 〈들국화〉 산드랗게 트인 꽃벌판 눈부신 언저리에, 〈산목련(山木蓮)〉도 꽃진 자죽에 붉은 열맬 슡하게 달고, 〈층층나무〉랑 나란히 섰다.

예서부턴 짤달막한 나무들이 얼굴만 뾰주름 내밀고, 남쪽으로 다정한 손을 흔들며 산다.

6

해가 설핏하기 앞서 재빠른 귀또리, 산귀또리 서로 부르는 소리, 어느 골짜구니에선 벌써 자즈라지게 〈소쩍새〉 울어예고, 자주 구름이 쓰다듬고 가는 산정(山頂)에 산을 베고 누으면, 하이얀 구름이 하이얀 커튼 사이사이 손에 잡힐 듯 촉촉 고갤 들고 솟아나는 별. 뻗어 간 산맥의 검푸른 물결도 높아, 으시시 한여름 밤이 차라리 겨울다이 칩다.

7

불 피워 닦은 자리 아랫목보담 정겨운 산정(山頂). 텐트 자락 살포시 젖히고 고갤 내밀면, 부딪칠 듯 떨어지는 잦은 유성도 골짝을 찾아 묻히는 밤.

어서 보내야 할 얼룩진 오늘과, 탄생하는 내일의 생명을 구가할 꿈을 의논하는 꽃보라처럼 난만한 노숙(露宿). 벌써 쌔근쌔근 산새처럼 잠이 든 벗도 있다.

― 〈지리산(智異山)〉의 전문 ―

▶ 『산의 서곡』 표지

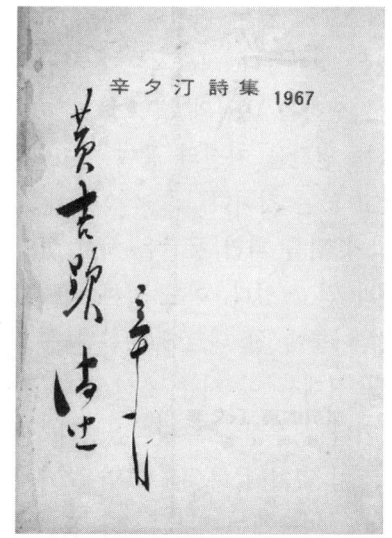

◀
석정의 유려한 묵향이 남아 있는
『산의 서곡』 원본의 속표지
제자 황길현에게 증정한 당시의
석정의 필체가 그대로 남아 있다.

2. 어머니, 산(山), 대바람소리

이 시에는 신석정 시인의 시에 흔치 않은 프롤로그(prologue)가 있고, 이 프롤로그의 내용은 시인이 산을 어떻게 보고 있나를 집약적으로 서술하고 있다. 그러나 나는 이 프롤로그 내용보다는 시에 표현된 내용의 구체성에 압도되고 말았다. 생물도감(生物圖鑑)이 있어야 읽을 수 있는 시. 비교적 등산을 좋아하는 나 자신이 느낄 수 없었던 등산의 요모조모. 어느 정도는 익숙한 전라도 사투리로 구사된 표현들. 나는 이 시를 읽는 순간, 숨이 막혀 옴을 느끼지 않을 수 없었다.

민족의 생명력을 상징하는 산으로 알려진 지리산, 그 지리산에서 우리들이 느꼈던 감회, 나와 같은 범인(凡人)은 도저히 말로 표현할 수 없었던 감회를 이 시는 고스란히 그려내고 있다. 이효석의 소설에나 나옴직한 산의 여러 모습, 훼손되지 않은 자연의 아름다움, 그 자연에 거스르지 않는 인간의 마음. 이것이 신석정 시인이 표현하고 싶은 것이었다. 궁극적으로 시인은 '얼룩진 오늘을' 어서 보내고, '탄생하는 내일의 생명'을 맞고자 한다고 말하고 있다. 보잘것없는 인간을 자신의 품에 안고 있는 우주와 자연의 섭리를 깨닫고 있는 것이다.

이 시를 읽으면서, 나는 시인의 뒤를 따라 등산을 하고 있었다. 눈을 감고 시인의 뒤를 따라 걷고 있다. 어느 골짜기를 지나 능선을 오르고 있으며, 산정 어름에 친 텐트에 피곤한 몸을 누이고 잠을 청하고 있다. 이런 점에서 이 시는 조선 시대 정철이 쓴 기행 가사(紀行歌辭)이거나 이은상의 수필이었으며, 산을 좋아하는 내가 한 번도 쓴 적이 없기에 마음에 부담을 가지고 있던 산행 보고서였다. 적어도 나에게는 말로는 다 표현할 수 없는 실감으로 다가오는 한 편의 기행문이었다.

　아울러 이 시는 인간과 자연이 어떻게 조화를 이루면서 살아야 하는가를 보여주는 생태 보고서로도 읽혔다. 최근 일부 시인들이 쓰고 있는 생명시(生命詩), 생태시(生態詩)의 세계를 보여주고 있는 것이다. 이들의 시는 우리 인류의 역사를 자연의 흐름에 대한 거스름의 역사로 규정하고 있으며, 자연과 인간의 조화로운 삶이 얼마나 중요한가를 노래하고 있다. 이와 같은 맥락에서 시인의 초기 시, 즉 '어머니'를 노래한 시도 해석될 수 있다. 특히 〈슬픈 구도(構圖)〉라는 시는 이 같은 생명의 시학, 생태의 시학을 일찌감치 노래하고 있다.

　　나와
　　하늘과
　　하늘 아래 푸른 산뿐이로다

　　꽃 한 송이 피워줄 지구도 없고
　　새 한 마리 울어줄 지구도 없고
　　노루새끼 한 마리 뛰어다닐 지구도 없다

　　나와
　　밤과
　　무수한 별뿐이로다

　　밀리고 흐르는 게 밤뿐이요
　　흘러도 흘러도 검은 밤뿐이로다
　　내 마음 둘 곳은 어느 밤하늘 별이드뇨

　　　　　　　　　　　─〈슬픈 구도(構圖)〉의 전문 ─

시인은 이처럼 산을 노래했고, 자연을 그려내고자 했다. 인간이 같이 살 수 있는 자연을 아름다운 언어로 그렸다. 그러나 '난초'(〈난초(蘭草)〉), '수선화'(〈수선화(水仙花)ー눈 속에 '사슴'을 보내주신 백석(白石)님께 드리는 수선화 한 폭〉), '목련'(〈서정소곡(抒情小曲)〉), '동백꽃'(〈빙하(氷河)〉, 〈바다에게 주는 시〉, 〈오동도(梧桐島)엘 가서〉), '매화'(〈호조일성(好鳥一聲)〉, 〈추야장 고조(秋夜長 古調)〉), '파초'(〈파초(芭蕉)잎을 밟고 가는〉, 〈파초와 이웃하고〉) 등으로 형상화되고 있는 이 자연 대상은 항상 혼자가 아니었다. 그 곁에는 인간이 있었으며, 그것은 인간의 본성을 나타내는 상징물이었다. 우리 인간의 정서를 형상화한 객관적 상관물이었다.

(4) 대바람소리와 지조

자연과 인간의 조화로운 삶을 추구했던 시에서 읽을 수 있는 시인의 정신은 무엇일까? 정말로 시인이 나에게 전하고 싶었던 메시지는 무엇이었을까? 어머니의 품과 같은 이상향을 꿈꾸었던 시인, 지리산 또는 한라산의 품에 안기어서 인생살이의 진리를 터득했던 시인, 자연의 조화로운 삶을 알고 있었던 시인, 신석정은 지금 무엇을 나에게 말하고 있는가? 이 단서를 나는 '대나무'에서 찾을 수밖에 없다.

왜 시인은 그토록 여러 번(〈차라리 한 그루 푸른 대로〉, 〈대숲에 서서〉, 〈황(篁)〉, 〈대바람소리〉, 〈눈맞춤〉) 대나무를 노래하고 있을까? 도대체 대나무가 무엇이기에······. 아마도 그것은 조선

시대 유학자들이 '사군자(四君子)'의 하나로 선택하면서, 자신들의 정신을 대변하는 것으로 생각했던 정신과도 맞닿아 있는 것 같다. 즉 전통적으로 옛 사람들이 그렸던 대나무, 옛 시인들이 노래했던 대나무를 통하여, 신석정 역시 선비 정신을 노래하고자 했을 것으로 추정된다. 이런 점에서 그의 시 세계는 우리 고전 시가의 선비 정신을 반영했던 전통과도 맥을 같이하고 있다. 이제 대나무를 노래한 시를 한 편 읽어 보자.

  대숲으로 간다
  대숲으로 간다
  한사코 성근 대숲으로 간다

  자욱한 밤안개에 벌레소리 젖어흐르고
  벌레소리에 푸른 달빛이 배어흐르고

  대숲은 좋더라
  성글어 좋더라
  한사코 서러워 대숲은 좋더라

  꽃가루 날리듯 흥근히 드는 달빛에
  기척 없이 서서 나도 대같이 살꺼나
  　　　　　　　―〈대숲에 서서〉의 전문―

 시인은 대나무같이 살고 싶다고 말한다. 그리고 대나무는 '성글'기 때문에 좋다고 말한다. 그러나 지금 나는 이 말을 제대로 이해할 수 없다. 시인이 좋다고 한 이유인 '성글어 좋더라'를 내 수준에서는 알 수가 없다. 더구나 '기척 없이 서서' 살아야겠다는 깨달음에 이르기에는 족탈불급(足脫不及)이라고나 할까? 여러 자리에서 여러 형태로 숱한 인간들과 부대끼면서 살아야 하는 우리는 이 무슨 신선(神仙)의 잠꼬대냐 하고 동경(?) 내지는 존경(?)의 염(念)을 표현할 수밖에 없다.

그래서 나는 다시 시인이 옮기는 발걸음을 따라서 대숲으로 더 들어갈 수밖에 없었다. 이 때 시인은 좀더 직설적으로 대나무의 의미를 나에게 설명하고 있다. 그의 정원에서 기르는 여러 나무 중에서 왜 그가 대나무를 좋아하는가를 설명하고 있으며, 그것은 내가 옛날 노시인의 집에 들어섰을 때 느낀 분위기와도 상통하는 것이었다.

    대바람 소리
    들리더니
    소소한 대바람 소리
    창을 흔들더니

    소설(小雪) 지낸 하늘을
    눈 머금은 구름이 가고 오는지
    미닫이에 가끔
    그늘이 진다.

    국화 향기 흔들리는
    좁은 서실(書室)을
    무료히 거닐다
    앉았다, 누웠다
    잠들다 깨어 보면
    그저 그런 날을

제 5 시집 『대바람소리』의 표지

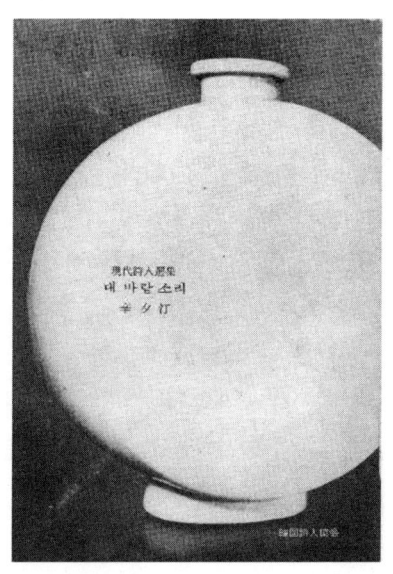

눈에 들어 오는
병풍의 〈낙지론(樂志論)〉을
읽어도 보고……

그렇다!
아무리 쪼들리고
웅숭거릴지언정
―「어찌 제왕의 문에 듦을 부러워하랴」

대바람 타고
들려오는
머언 거문고소리……

― 〈대바람 소리〉의 전문 ―

2. 어머니, 산(山), 대바람소리

시인은 자신이 집요하리만큼 그려내고 있었던 대나무를 처음에는 그저 그렇게 생각했던 것 같다. 그렇기에 겨울의 문턱에서 들은 대바람 소리에서 계절의 변화를 먼저 읽어내고 있다. 시인은 '그저 그런 날을' 보내다가, 문득 병풍의 글을 보고서야 새로운 깨달음에 이른다. 그것은 지조를 지키면서 살아가는 삶의 즐거움이었다. 가난하지만 지조를 지키면서 살아가는 사람들의 모습. 이 점은 후배 시인으로 '지조론'을 펼쳤던 조지훈을 유난히 좋아했다는 사실과도 밀접한 관련이 있다.(제4시집인 『산의 서곡』의 서문을 병중에 있던 조지훈에게 부탁한 것이나 한용운과 더불어 칭송하던 조지훈의 요절을 안타까워하는 내용의 산문과 자신의 가족들에 대한 사랑을 읽을 수 있는 〈파초와 이웃하고〉와 같은 시에서도 확인할 수 있다.)

  가난한 시인으로 살았던 삶, 가난한 선비로 살았던 삶. 이런 말들이 내가 그의 제자 문인들에게 들었던 그의 삶의 전부다. 해방 후의 행적을 의심받아서 일시적으로 고초를 겪기도 했다는 이야기를 들은 적도 있는 것 같다. 그리고 이 같은 단상들과 이 시를 연관시킬 때, 시인이 말년에 왜 이렇게 노래했나를 짐작할 수 있을 것 같다. 물론 그가 우리에게 전하고자 했던 전부는 아니겠지만, 조금은 그 심정을 짐작할 수 있을 듯하다.

  신석정은 선비이고자 했다. 그리고 서정 시인이고자 했다. 한때 현실이나 생활 문제에 관심을 표명한 적도 있지만, 그는 처음부터 끝까지 서정 시인이고자 했다. 별로 유명한 학자나 선비가 배출된 곳이 아닌 부안이라는 지방에서 태어난, 그래도 선비로 대우받고 살 수 있었던 시골 양반의 후예였다. 적어도 시인은 이 점을 항상 기억하며 살았고, 그의 시는 그의 이런 정신을 반영하고 있다.

난초 향기 그윽한 서재에서의 석정

(5) 서정시의 정신

깨끗하고 고결한 마음을 간직한 사람을 우리는 보통 '난초'로 비유한다. 여기서 우리는 신석정을 난초와 같은 사람이라고 해도 별 무리는 없을 것 같다. 또 우리는 순박하고 순수한 마음의 소유자를 아이와 같은 사람이라고 한다. 이 점에서도 역시 우리는 시인이 아이와 같은 마음을 평생토록 간직한 사람이었다고 할 수 있다. 그것은 그가 선비였으며, 선비로서의 지조를 지키면서 살았던 탓이기도 하다.

그렇기에 시인은 자연의 이치와 순리에 어울리면서 살 수 있었고, 어머니나 고향과 같은 푸근한 마음을 간직할 수 있었다. 아울러 대나무와 같은 올곧은 지조를 지키면서 살았다. 나에게 할아버지로 기억되는 시인이었지만, 그의 시는 빛깔로 표현하면 '하이얀' 색이거나 무채색에 가까웠다. 아이들이 뛰어놀고 있는 연초록의 들판과 같은 꿈을 간직한 사람이었다. 그럼에도 불구하고 시인은 우리에게 장중(莊重)한 무게와 너그러움으로 산처럼 다가서고 있다.

―모란 순이
새끼손가락만치 자랐습데다.
―너는 그렇게도
봄을 기두렸고나.

―산수유(山茱萸)꽃이
벌써 시나브로 지던데요.

―글쎄
봄은 오자 또 떠나는 게지……

그러기에 우린 아직도
경칩(驚蟄)이 먼 지역의 주민인가 봅니다.

산(山) 같은 침묵(沈默)이 흐른다.
  ―〈대화(對話)〉의 전문―

어른과 아이가 도란도란 이야기하는 방식을 취하고 있는 이 시는, 자연의 질서에 순응하는 삶이 무엇인가를 잘 보여준다.

즉 신석정의 시 세계와 그의 시 정신을 잘 반영하고 있다. 그것은 서정시의 정신으로, 인간과 자연이 조화를 이룬 세계에 대한 깨달음이다. 아울러 말로 다 표현할 수 없으며, 그렇게 될 수도 없는 세계이다. 우리들이 하고 싶은 말을 다 하지 않고, 말을 아껴서 표현하는 시의 세계이다.

 이제 다시 옛날의 기억으로 돌아가서 신석정이 살았던 그 정원에 들어서고 싶다. 아무 말도 못하고 사라졌던 중학생처럼, 말로 다 할 수 없는 형상들을 중학생 때의 기억 속에 그냥 그대로 묻고 싶다. 시인이 그랬던 것처럼 나도 순수함의 세계로 같이 갈 사람을 찾고 싶다. 신석정이 다음의 시에서처럼 홀연히 그 '맑은' 세계로 떠났듯이 말이다. 먼 나라로, 자연으로, 산 속으로…….

 그러나 나 같은 범인은 불가능하겠지.

>나는
>그때 외롭게
>산길을 걷고 있었다.
>
>그때
>나뭇가지를 옮아 앉으며
>〈동박새〉가 울고 있었다.
>
>어쩜
>혼자 우는 〈동박새〉는
>나도곤 더 외로웠는지 모른다.

숲길에선
은방울꽃 내음이 솔곳이
바람결에 풍겨오고 있었다.

너희들의
그 맑은 눈망울을
은방울꽃 속에서 난 역력히 보았다.

그것은 나의 꿈이었는지도 모른다.
너희 가슴속에 핀 꽃이었는지도 모른다.

―〈은방울꽃〉의 전문―

3

서정 시인의 현실 문제

(1) 시와 현실

　모든 문학 작품은 그 작품을 창작한 작가의 창조적 생산물인 동시에, 정도의 차이는 있어도 그 작품이 생산된 사회 현실을 반영하게 된다. 예를 들면, 공상 과학 소설도 상상이 가능한 현실을 보여주는 것으로, 작품이 보여주는 현실은 실재하는 현실을 토대로 형상화된다. 따라서 현실과는 무관한 것처럼 보이는 서정시의 세계도 역시 현실을 반영하는 거울이다. 다만 작품에 그려지고 있는 세계가 실제 현실과 관련하여 긍정적인가, 아니면 부정적인가에 따라 '참여'나 '순수'라고 규정되는 것이다.
　이 과정에서 중요한 역할을 하는 것이 작가의 세계관, 사상 또는 관점이다. 작가가 현실을 어떤 시각에서 바라보고 있으며, 그렇게 보는 사상적인 기반이 무엇인가 하는 점이 문제가 된다는 말이다. 그래서 작가에 따라서는 현실과 타협하는 경우도 있고, 현실과 타협을 거부하고 변혁을 꾀하는 경우도 있다. 이때 가장 문제가 되는 것이 작가의 사상이다. 그리고 이런 작품이나 작가에 대한 이해는 전적으로 독자의 몫이기도 하다. 즉 똑같은 현상을 두고서 보는 사람의 시각에 따라 다르게 관찰하듯이, 같은 시인의 작품 세계도 어떤 측면에서 접근하느냐에 따라 다르게 규정될 수 있다는 말이다.

　이제 우리는 이런 전제를 바탕으로 하여, 영원한 '목가 시인' 또는 '서정 시인'으로 불려지는 신석정의 시 세계를 좀더 다른 각도에서 접근하고자 한다. 신석정의 시가 현실을 어떻게 그려내고 있으며, 그렇게 그려내고 있는 사상적 기반이 무엇인지 알아보고자 한다. 이를 통하여 그 동안 우리 근대 시문학사에서 목가 시인이라는 독보적인 지위를 차지하고 있는 그의 시 세계에 대한 이해의 폭을 확장하고자 한다. 이런 접근은 그의 시 세계가 현실을 반영하고 있음을 주장하기 위해서라기보다는 서정적인 예술의 세계만을 추구하였다는 편협한 이해를 넘어설 수 있는 가능성을 제공하기 위한 작업의 일단이기도 하다.

　이를 위하여 먼저 신석정의 생애를 살펴보면, 그는 일찍부터 한학을 하는 할아버지와 아버지의 영향으로 선비의 지조를 지킬 줄 아는 사람으로 성장하였다. 아울러 명분과 법도를 지킬 줄 아는 어머니의 따끔한 가르침도 받으면서 자랐다. 또한 그는 '중앙불교전문강원'에서 일제 강점기의 큰스님이었던 석전 박한영 선사와 만해 한용운 선사의 가르침을 직접 또는 간접으로 받을 수 있었다. 그리고 시인은 이 때의 불경 공부는 학문적, 철학적 신념을 세우는 과정이었다고 고백하고 있다.

그럼에도 불구하고 일제 강점기 신석정 시인의 삶이나 문학은 그 자신에게도 그렇게 만족스러운 것은 아니었던 것 같다. 어릴 적부터 식민지 백성의 설움을 체험하였지만, 그가 선택한 식민지 백성으로서의 생활이나 문학은 현실을 애써 도피한 것이나 다름없었다. 이것은 해방 이후에 기회만 있으면, 그 중요성을 강조하고 있는 '지조' 있는 삶의 태도와도 거리가 멀어 보인다. 이 같은 사실은 해방 직후에 쓴 다음의 고백에서도 손쉽게 확인할 수 있다.

숨막히는 현실(現實)을 호흡(呼吸)하게 될 때, 호흡(呼吸)함으로써 비롯하는 비극(悲劇)을 멀리 피하기 위하여, 애써 현실(現實)의 세계(世界)에서는 아주 아스므라한 딴 나라로 내 자신을 이끌고 가기에 바빴던 것입니다.
그리하여 비로소 거기서 나의 작은 안식소(安息所)를 찾아간 것이 나의 '어머니', 자연(自然)의 품 속이었습니다.
(중략)
그러나 벗이여.
나의 안식소(安息所), 그 해저(海底)와 같이 고요한 온실(溫室)에 뜻하지 아니한 태풍(颱風)이 일기 비롯하였으니 그것이 바로 내가 오래오래 피해 오던, 그리고 멀리 삼가던 '생활(生活)'이라는 무서운 현실이었습니다.

—『슬픈 목가』의 발문—

신석정은 이 글에서 일제 강점기 자신의 문학과 생활을 현실 세계로부터의 도피이며, 작은 안식처를 찾는 것이었다고 고백하고 있다. 그리고 새로운 시대에는 자신이 멀리 피했던 생활이라는 무서운 현실에 직면하고 있다고 설명하고 있다. 이같은 현실에 대한 태도의 변화는 해방 정국의 격동기, 6·25 전쟁, 4·19 혁명, 5·16 군사 쿠데타 등의 정치·사회적 상황과 경제적 궁핍, 두 차례에 걸친 정보 기관 연행 등의 개인적인 문제가 복합적으로 작용한 것으로 보인다. 더구나 1960년대 이후에는 더욱 확고한 신념으로 바뀌어서, 급기야는 문인들의 현실 참여를 적극 옹호하기에 이른다.

이 단계에 이르면, 과거 자신의 생활과 문학의 도피처이자 안식처였던 자연은 이제 더 이상 자연 그 자체가 아니다. 그가 즐겨 찾았던 산은 정신(esprit)의 상징이며, 정원에 있는 하찮은 풀과 나무까지도 그에게는 나름의 의미가 있었다. 적어도 그것은 그가 견디고 살아야 하는 현실의 일부였다. 이런 태도의 변화와 관련하여, 다음의 글은 시인이 참여시와 순수 서정시의 관계를 어떻게 보고 있는지를 잘 보여주는 예이다.

일전 어느 신문사에선가 이동주(李東柱) 시인은 시 월평에서 〈사도행전(使徒行傳)〉(박두진)을 다루면서 '현실참여는 행동으로 하고, 시는 순수 서정시로 써야 한다.'는 그 시인 나름의 지론을 써놓은 대문을 읽었는데, 〈사도행전〉은 바로 시인 박두진(朴斗鎭)의 행동이 아니고 무엇일까? 시인에 있어서의 행동이란 바로 작품 활동을 하는 것이라고 나는 생각한다. 순수 서정시를 쓰건, 참여시를 쓰건 그것은 그 시인의 가장 구체화된 행동임에 틀림없다. '참여는 행동으로'라면, 에즈라 파운드처럼 무솔리니를 지지하는 방송을 해야만 행동이고, 작품을 통해 반유태주의를 부르짖은 것은 행동이 아니란 말인가? 작품활동 역시 무솔리니 지지 방송과 추호도 차등을 둘 수 없는 행동임에 틀림없다. 〈사도행전〉이 참여시라면 그것도 바로 박두진이 참여하는 행동인 것은 자명한 일이다. 아무리 생각해도 참여시를 사실시(蛇蝎視)하는 저의에서 나온 경솔한 독단이 아닐는지……. 나는 서정시를 반대하자는 것도 아니요, 반대할 아무런 이유도 없다. 그러나 '순수 서정시'란 전혀 참여성을 제거한 음풍농월(吟風弄月)을 의미한다면 문제는 달라진다.

― 〈시정신과 참여의 방향〉, 『난초잎에 어둠이 내리면』 ―

이 글의 핵심은 대략 두 가지로 요약할 수 있다. 그 하나는 작가의 현실 참여는 작품 활동을 통해서 이루어진다는 점이고, 다른 하나는 참여성을 제거한 서정시는 아무런 의미도 없다는 주장이다. 아울러 서정적인 시를 쓰는 목가 시인이었던 시인의 생각이 상당히 달라져 있음을 확인할 수 있다. 그렇다면 이제 우리는 이처럼 생각이 바뀐 신석정의 시는 어떤가를 확인할 필요가 있다. 이를 위하여 이 글은 구체적인 작품을 통하여 그 변모의 과정과 실체를 확인하는 작업을 진행할 것이다.

(2) 어둠 속에서의 현실

일제 강점기 신석정은 분명히 서정 시인이었다. '시문학파'의 일원으로 '어머니'와 '자연'의 세계를 추구했던 시인이었다. 이 같은 서정 시인에게도 일제 강점기의 말기, 즉 파시즘의 진군은 몸서리치게 공포스럽기까지 한 것이었다. 더 이상 우리의 말과 글로 시 창작이라는 글쓰기를 할 수 없는 상황이 한 발짝씩 다가옴을 느낄 수 있었다. 그래서 자신이 『문장』에 투고한 시가 검열을 통과하지 못하고 붉은 글씨로 수정을 요구받았을 때, 시인은 더 이상 공개적인 글쓰기를 포기하기에 이른다. 다음의 시는 1939년 7월 『문장』에 투고하였다가 검열 삭제된 작품이다.

성근 대숲이 하늘보다 맑어
댓잎마다 젖어드는 햇볕이 분수(噴水)처럼 사뭇 푸르고

아라사의 숲에서 인도(印度)에서
조선의 하늘에서 알라스카에서
찬란하게도 슬픈 노래를 배워낸 바람이 대숲에 돌아 들어
돌아 드는 바람에 슬픈 바람에 나는 젖어 왼 몸이 젖어……

란(蘭)아
태양(太陽)의 푸른 분수(噴水)가 숨막히게 쏟아지는
하늘 아래로만 하늘 아래로만
흰 나리꽃이 핀 숱하게 핀 굽어진 길이 놓여 있다
너도 어서 그 길로 돌아오라 흰 나비처럼 곱게 돌아오라
엽맥(葉脈)이 드러나게 찬란한 이 대숲을 향하고……

하늘 아래 새로 비롯할 슬픈 이야기가 대숲에 있고
또 먼 세월(歲月)이 가져올 즐거운 이야기가 대숲에 있고
꿀벌처럼 이 이야기들을 물어 나르고 또 물어 내는
바람이 있고 태양(太陽)의 분수(噴水)가 있는 대숲
대숲이 좋지 않으냐

> 란(蘭)아
> 푸른 대가 무성(茂盛)한 이 언덕에 앉아서
> 너는 노래를 불러도 좋고 새같이 지줄대도 좋다
> 지치도록 말이 없는 이 오랜 날을 지니고
> 벙어리처럼 목놓아 울 수도 없는 너의 아버지 나는
> 차라리 한 그루 푸른 대(竹)로
> 내 심장(心臟)을 삼으리라
> ―〈차라리 한 그루 푸른 대로〉의 전문―

둘째 딸에게 보내는 편지체로 되어 있는 이 시는 둘째 연의 '조선의 하늘에서'라는 시구가 문제가 되었다. 검열 당국은 이 표현을 문제삼아 수정을 요구하지만, 그는 결국 수록을 포기하기에 이른다. 그러나 이처럼 포기를 선택하는 데에는 나름대로의 기준이 있었다. 마지막 연을 보면, 그 내용을 짐작할 수 있다. 즉 '벙어리처럼 목놓아 울 수도 없'다는 고백에 이어, "한 그루 푸른 대로/ 내 심장을 삼으리라"라는 다짐을 하고 있는 것이다. 이런 고백과 다짐은 암흑기를 실감한 시인 신석정의 솔직한 표현이기도 하다.

이 즈음에서 그의 시에 등장하기 시작하는 '대나무'는 단순한 자연 대상이 아니다. 그것은 일찍이 우리 선인들이 표현했던 것처럼, 지조와 절개의 상징이다. 그 자신 일제의 탄압에 훼절하지 않겠다는 다짐을 보여주는 상징이다. 그는 작품의 수정이나 투고를 포기함으로써, 다짐을 넘어 그 자신이 선택할 수 있는 최선의 선택을 실천하기도 한다. 그리고 이 같은 선택은 일찍부터 지조를 지킬 수 있는 선비가 되도록 교육받은 가정 교육의 영향력을 짐작할 수 있게 한다.

아울러 해방 후에 간행된 초간본 『슬픈 목가』에 수록되었다가 재간본에서 빠진 다음의 작품을 보면, 이 당시 그의 생각을 또 다른 각도에서 엿볼 수 있다. 이 시는 1939년 9월 『학우구락부』라는 잡지에 수록된 작품으로, 그의 사상적 지향을 엿볼 수 있다. 그는 행동으로 실천하지 못하는 지식인을 노래하고 있다. 일찍이 김기진이 〈백수(白手)의 탄식(歎息)〉에서 그랬던 것처럼, 식민지 지식인의 부끄러운 고백을 보여주고 있다.

세상이 뒤집어졌었다는 그리고 뒤집어지리라는 이야기는 모두 좁은 방(房)에서 비롯했단다

이마가 몹시 희고 수려(秀麗)한 청년(靑年)은 큰 뜻을 품고 조국(祖國)을 떠난 뒤 아라사도 아니요 인도(印度)도 아니요 더구나 조국(祖國)도 아닌 어느 모지락스럽게 고적(孤寂)한 좁은 방(房)에서 '그 전날 밤'을 새웠으리라

그 뒤
세월은 무수한 검은 밤을 데불고
무수한 방(房)을 지내갔다

함박눈이 펑펑 쏟아지는 어느 겨울ㅅ밤
　　새로운 세대(世代)가 오리라는
　　새로운 세대(世代)가 오리라는
그 막막한 이야기는 바다같이 터져나올 듯한 울분(鬱憤)을 짓씹는 젊은 '인사로푸'들이 껴안은 질화로 갓에서 동백(冬柏)꽃보다 붉게 피었다.

> 천년(千年)이 지내갔다
> 좁은 방(房)에서……
> 만년(萬年)이 지내갔다.
> 좁은 방(房)에서……
>
> —〈방(房)〉의 전문—

　이 때 신석정은 일찍이 읽었던 투르게네프의 〈그 전날 밤〉에서 혁명을 꿈꾸는 나약한 지식인의 자화상을 읽어내고 있다. 어둡고 좁은 방에서 시인은 혁명을 꿈꾸고 있는 것이다. 내외적인 정세가 점점 어려워지는 상황 속에서도 그는 자기 자신의 내적인 단련을 시도하고 있었으며, 더 이상 서정적인 목가를 부를 수 없었다. 이 점은 초기의 시작을 모아 놓은『촛불』과 이 시기의 작품들을 모아 간행된『슬픈 목가』를 대비하여 보면 쉽게 알 수 있다. 그는 심각한 고민에 빠져 있었으며, 그 고민을 시로 써서 간직한다.

　더구나 이 시기는 절친한 친구이자 공산주의자인 김아(金鵝)에게서 많은 영향을 받은 때이다. 이 사실은『슬픈 목가』에 실린 여러 편의 시가 김아에게 주는 것이라는 점을 보아도 알 수 있고, 김아가 이 시집의 '서문'을 쓴 점에서도 짐작할 수 있다. (김아에 대한 그리움은『산의 서곡』에서도 짐작할 수 있다. 즉 이 시집의 간지에 찍은 저자의 낙관은 김아가 새긴 것이다.) 아울러 이 같은 사상적 변모의 가능성은 해방 직후에 그와 친분이 있던 문인들이 좌파의 이데올로기를 선택하자, 그에 동조했던 사실로도 어느 정도 확인이 가능하다.

(3) 전쟁과 가난

　서구화로 대표되는 근대화의 물결 속에서 우리는 일제에 의해 나라를 빼앗기는 아픔을 경험하였다. 민족사에서 최초로 식민지 국가로 전락한 비극적 상황이었기에, 일제 강점으로부터의 탈출은 이 시기 우리 민족 모두의 과제였다. 그렇기에 일제가 연합군에 항복하던 1945년 8월 15일 우리 민족 모두는 거리로 뛰쳐나와 '조선 독립 만세'를 목청껏 부르면서 행진하였다. 그리고 문학 역시 이런 추세에 발맞추어 곧바로 '나라 만들기'라는 정치적인 과제를 즉각적으로 형상화하는 모습을 보인다.
　신석정도 여기서 예외가 될 수는 없었다. 암흑기에 고향에서 개인적인 글쓰기를 하고 있던 그가 곧바로 상경(上京)하여 그 동안 친분이 있던 이병기나 임화, 김기림을 만났을 것으로 추정된다. 이 점은 그의 이름이 '조선문학가동맹'이 주최한 '조선문학자대회'의 초청자 명단에 포함되어 있었던 점으로도 확인이 가능하다. 해방 다음해에 고향으로 돌아온 것으로 보아, 그는 '조선문학가동맹'의 일에 열성적이지는 않았던 것 같다. 그럼에도 불구하고 이 당시 현실에 대한 그의 이해는 이들과 그리 멀리 있지 않았음을 알 수 있다. 다음의 시를 통하여 이를 확인하여 보자.

　　태양을 의논하는 거룩한 이야기는
　　항상 태양을 등진 곳에서만 비롯하였다.

　　달빛이 흡사 비 오듯 쏟아지는 밤에도

>   우리는 헐어진 성터를 헤매이면서
>   언제 참으로 그 언제 우리 하늘에
>   오롯한 태양을 모시겠느냐고
>   가슴을 쥐어뜯으며 이야기하며 이야기하며
>   가슴을 쥐어뜯지 않았느냐?
>
>   그러는 동안에 영영 잃어버린 벗도 있다.
>   그러는 동안에 멀리 떠나버린 벗도 있다.
>   그러는 동안에 몸을 팔아버린 벗도 있다.
>   그러는 동안에 맘을 팔아버린 벗도 있다.
>
>   그러는 동안에 드디어 서른여섯 해가 지나갔다.
>
>   다시 우러러보는 이 하늘에
>   겨울밤 달이 아직도 차거니
>   오는 봄엔 분수처럼 쏟아지는 태양을 안고
>   그 어느 언덕 꽃덤풀에 아늑히 안겨보리라.
>   ―〈꽃덤풀〉의 전문―

이 시에서 우리는 해방 직후 신석정의 현실 인식을 엿볼 수 있다. 그것은 부끄러운 과거에 대한 반성이자 새로운 시대에 대한 다짐이다. 아울러 이 시는 앞에서 살핀 〈방〉과의 관계 속에서 논의를 할 수 있다. 즉 "태양을 의논하는 거룩한 이야기는 / 항상 태양을 등진 곳에서만 비롯하였다."라는 현실 인식이 어둡고 좁은 방에서 혁명을 꿈꾸고 있는 것과 동일하다. 다만 현실은 과거처럼 암담하지만 않고, 태양이 밝게 비추고 있는 낮이라는 사실만이 다를 뿐이다. 그럼에도 불구하고 그는 "겨울밤 달이 아직도 차거니"라고 하여, 아직은 마음을 놓을 수 있는 처지가 아니라는 사실도 알고 있었던 것으로 보인다.

어떻든지 이 시에서처럼 해방은 모두에게 기쁨이었고 희망에 대한 약속이었다. 분명히 과거의 아픔과 고난을 뒤로 하는 새로운 미래를 위한 행진이었다. 그러나 '해방'은 글자의 축자적(逐字的) 의미와는 달리 우리 민족에게 두 개의 무거운 짐을 안겨 주었다. 그 하나는 새로운 민족 국가를 건설해야 하는 '나라 만들기'라는 과제이며, 다른 하나는 과거의 유산 특히 지난 36년 동안 우리 민족의 생활과 정신을 지배했던 일제의 잔재(殘滓)를 극복해야 하는 새로운 '민족 문화(문학) 창달'이라는 과제였다.

이 중에서 후자는 궁극적으로 전자와 밀접한 관련이 있는 것이었지만, 후자 나름의 미학적 특성이 작용하여 나름의 특수성을 발현하게 된다. 따라서 해방 이후 우리 문학의 과제는 전통을 복원하면서, 서구 문학으로 대표되는 근·현대 문학을 새로이 수립하는 것이었다. 아울러 새로운 민족 국가 건설이라는 문학 외적 과제를 형상화하여야 하는 이중의 부담을 지고 있던 시기였기에, 문학은 정치·경제·사회적인 민족의 현실과 밀접한 관련을 맺을 수밖에 없었다.

특히 이 시기의 문학은 좌익과 우익이라는 정치적 이데올로기가 첨예하게 대립되는 현실 속에서, 문학 외적으로는 1948년 단독 정부의 수립을 통하여 남북 분단이라는 새로운 상황에 직면하게 된다. 그래서 해방 정국에서는 각각의 문학 단체에 속했던 시인들의 이념적 지향은 달랐지만, 이들에 의해 '민족 문학' 건설이라는 방향에서 창작적 실천이 활발하게 이루어진다.

즉 '조선문학가동맹'(임화, 오장환, 이용악 등)과 '조선청년문학인협회'(서정주, 조지훈 등)로 대표되는 좌익과 우익의 시인들은 시를 통하여 자신들의 지향을 주장하게 된다.

일제로부터의 해방이 가져다주리라고 믿었던 작은 희망들이 무참히 짓밟히는 현실, 초기에 가지고 있던 기대와는 달리 소망스럽지만은 않게 전개되는 우리네 현실 등이, 이들의 시에는 나타나 있다. 그것은 문학적 형상으로 그려진, 하루하루 불행한 삶을 꾸려가야만 했던 사람들의 모습이었으며, 깊어만 가는 민족간의 대립과 갈등의 골이었으며, 멀어져만 가는 우리 민족화해에 대한 기대감의 표현이었다.

더구나 곧바로 닥친 6·25의 참상은 이런 갈등과 대립의 골을 깊게만 만들었다. 개인에게는 생활의 곤란이 더욱 가중되었다. 한 끼 식사도 제대로 해결할 수 없는 상황이었다. 구차하기만 한 살림살이, 그것은 혼자서는 감당하기 힘든 '서글픈 이야기'였다. 애써 사들인 책을 종이 값에 팔아버리거나, 그의 전 재산이라고 할 수 있는 두 시집의 판권을 헐값으로 넘겨야 하는 처지였다. 그렇기에 이 당시 그의 시는 이런 생활의 궁핍함에서 벗어날 수 없었다. 마치 서정주가 6·25 이후의 생활을 〈무등을 보며〉로 표현했던 것처럼, 신석정도 자신의 궁핍한 생활을 중요한 시적 형상화의 대상으로 삼고 있다.

　　보리 꿉살미와 밀주일 죽도 달가운 것은
　　풀잎파리 죽으로 끼니를 이던 봄을 살아 그렇지
　　(중략)
　　두주를 자조 굽어 봐야하는 너이들이기에

보리가 한 가마만 있어도 한숨을 내쉬겠지?

외할머니도 보리밥에 지쳐 뙤약볕에
백리길을 걸어가셨다는 서글픈 이야기
　　　　　—〈'일림(一林)'이와 '란(蘭)'이에게〉의 부분—

　이 당시 대부분의 민중들이 피해 갈 수 없었던 가난, 그 가난의 실상이 이 시에는 잘 나타나 있다. 귀여운 딸, 어렵기만 한 장모에게 한 끼 밥도 제대로 대접할 수 없는 처지. 지금의 우리는 상상할 수 없는, 옛날 노인네들이 회상하던 어려운 시절의 경험을 신석정도 겪을 수밖에 없었다.
　더구나 1950년대는 이승만 정권에 의해 독재가 자행된 시기였다. 신석정은 이런 정치적 현실에도 무관심할 수 없었다. 이 시기 그는 우리 국토의 여러 산을 찾아 헤매면서, 그 산에서 무엇인가를 찾고자 했다. 그렇기에 이 시기에 주로 창작된 『산의 서곡』에 실린 시들에서, 우리는 이 당시 신석정의 시 정신을 확인할 수 있다.

나의 노래는
라일락꽃과 그 꽃잎에 사운대는
바람 속에 있다.

나의 노래는
너의 타는 눈망울과
그 뜨거운 가슴 속에 있다.
　　　　　—〈나의 노래는〉의 부분—

이제 '나의 노래'는 자연 속에서 뜨거운 가슴을 읽어내고 있다. 그러나 아직은 나의 노래가 자연을 떠나지는 못하고 있다. 그는 자연이나 산에서 만난 숱한 대상들에 의미 부여를 하고 있다. 그러면서 그는 조지훈의 〈지조론〉을 생각했고, 조지훈이 전통적인 미의 세계를 추구한 〈승무〉에서 모든 생활인에게 지조를 지킬 것을 강조한 〈지조론〉으로 자리를 옮긴 것처럼, '청구원'의 목가 시인에 만족하지 않고 새로운 변모를 추구하기에 이른다. 이 같은 징후는 1950년대 말부터 노래하기 시작한 '산'에 관한 시에서 쉽게 확인할 수 있다.

산정에는 찢어진 하늘의 펴러이는 푸른 깃폭 속에, 우리들의 가쁜 숨결이 숨어 있고,
능선을 타고 내려오면 전쟁이 뿌리고 간 고운 피를 머금은 도라지꽃들의 회화(會話)가 잦은데, 파도처럼 달려드는 바람소리 말을 달려 간 골짜구니마다 하얀 촉루(髑髏)가 동굴 같은 눈 언저리에 눈부신 태양을 받아들이곤 이슬 같이 수떨이고 있다.

축제도 끝났다.
가면무도회도 끝났다.
인젠 모두 우리들의 때묻은 검은 야회복을 벗어던져도 좋다.

이렇게 촉루와 도라지꽃이 난만한 산을 데불고 꽃잎 같은 시간을 맞이하고 지우고 지우고 맞이하는 동안 슬픈 강물엔 우리들의 역사도 띄워보냈다.
탕자(蕩子)처럼 돌아올 줄 모르는 인공위성이 몇 천 바퀴를 돌아가도, 하늘은 하늘대로, 땅은 땅대로, 사람은 사람대로, 짐승은 짐승대로, 의연히 그들의 무도회와 촉루와 도라지꽃을 구상하는 욕

된 세월 속에

　　다시금
　　가져야 할 축제를 마련하면
　　그것이 '내일'이라는 희망 속에서,
　　무수한 희망과 자살과 투옥은 계산되는 것이다.

　　산이여!
　　너는 그러기에 오늘도
　　통곡을 생각하는 슬픔 속에 서 있는가?
　　통곡하라!
　　목놓아 어서 통곡하라.
　　'내일'!
　　'내일'의 축제를 위하여!

　　　　　　　　—〈축제 — 산이여 통곡하라〉의 전문 —

　이 시는 자유당 독재 정권이 그 종말을 재촉하던 1958년에 쓰인 것이다. 이 시에서 우리는 대략 두 가지 사실을 읽어낼 수 있다. 그 하나는 시인이 산을 찾으면서 발견한 것이 전쟁의 상처라는 사실이다. 시인은 골짜기마다에 하얀 촉루가 아직도 전쟁의 아픔을 간직하고 있으며, 전쟁이 뿌리고 간 고운 피는 '도라지꽃'으로 피어났다고 노래하고 있다. 이 당시로는 쉽게 표현할 수 없었던 남북 분단과 한국 전쟁의 문제를 '산'이라는 자연 대상을 통하여 형상화하고 있는 것이다.(이 같은 시적 경향은 1950년대 중반 박봉우의 〈나비와 철조망〉이나 〈휴전선〉 정도에서 엿볼 수 있을 뿐이다.)

다른 하나는 자유당 정권이 벌였던 축제의 가면무도회가 끝나가고 있다는 예견이다. 시인은 이제 검은 야회복을 벗어 던지라고 노래하고 있다. 그는 이 같은 무도회야말로 의연히 '촉루와 도라지꽃을 구상하는 욕된 세월'에 봉사하는 것이라고 말한다. 아울러 그는 이와는 다른 새로운 축제, 즉 '내일의 축제'를 위하여 산에게 구시대의 종말을 알리는 통곡을 부탁하고 있다. 구시대의 종말을 알리고 새로운 시대의 도래를 알리는 종을 울리자고 권한다.

(4) 반독재 투쟁의 희생양

그러나 1960년대를 새로이 열었던 그리고 반독재 투쟁의 상징이었던 4·19 혁명은 실패로 끝났다. 이승만 독재 정권의 사슬을 끊고 통일된 민주 사회를 열망하던 청년 학생들의 목소리는 미완(未完) 상태로 끝나고 만다. 그리고 이런 민주적인 혁명의 외침을 좌절시킨 5·16은 경제 발전을 방패삼아 군사 독재 정권을 유지하기 위한 방편으로 개발(開發) 독재 정책을 시행한다. 또 다른 형태의 독재 정권이 들어선 것이다.

실제로 1960년대는 한 발 재겨 디딜 곳이 없는 절벽이나 다름없었으며, 전쟁으로 인해 파괴된 사회의 재건이라는 지상의 과제 앞에 우리 민족은 많은 것들을 희생하여야 했다. 이 때 희생의 명분으로 내세워졌던 것이 때로는 정치적 안정이었고, 어떤 때에는 조국의 근대화 사업이었다. 이것은 권력을 쥔 사람들에 의해 자행된 독재의 명분이기도 했다. 이에 따라 1960년대 시문학은 반독재와 분단 극복이라는 현실적 문제에 관심을 기울이게 된다. 신동엽, 김수영의 참여시(參與詩) 운동이 그 단적인 예이다. 그리고 4·19를 노래한 다음의 시에서, 김수영보다 한 술 더 뜨는 신석정의 저항 의식을 읽어낼 수 있다.

    이슥한 안개 속을 헤쳐온
    네 얼룩진 얼굴에 슬픈 종(鐘)소리가
    마지막 메아리로 잦아든 오늘
    또다시 앞을 가로막는 검은 밤이 올지라도
    아폴로가 있어서 우리는 안심(安心)한다.

    '어제는 모조리 원수에게 주어라!'

    '오늘만은 아예 양보할 수 없다!'

    '내일은 더구나 빼앗길 수 없다!'

    멍든 역사(歷史)가 질주(疾走)하는 언저리에
    주름잡힌 얼굴
    핏발 선 눈을 가진 얼굴
    사자같이 노한 4월(四月)이 주고 간 얼굴
    얼굴과
    얼굴과
    얼굴들 속에서
    내일을 약속할 얼굴을 찾아라.

    '없걸랑 그저 무참히 활을 겨누어도 좋다!'

한 시인(詩人)이 있어
'딱터 이(李)'의 초상화(肖像畵)로 밑씻개를 하라 외쳤다 하여
그렇게 자랑일 순 없다.
어찌 그 치사한 휴지(休紙)가 우리들의 성한
육체(肉體)에까지 범(犯)하는 것을 참고 견디겠느냐!

그러기에
최후(最後)에 벅찬 호흡(呼吸)으로 다스릴
욕되지 않을 악수(握手)는
아마 지구(地球)가 몇 바퀴 돌아간 뒤라야
우리 광장(廣場)에서 이루어질 것이다.

엄숙(嚴肅)한 역사(歷史)의 선고(宣告)도 동결(凍結)된 지구(地區)에서
그렇게도 우리가 목마르게 대망(待望)하는 것은
결국
헤아릴 수 없는 쥐구멍에
햇볕을 보내는 민주주의(民主主義)의 작업(作業)을 떠나선 의미(意味)가 없다.

다시 그 쥐구멍에서
여윈 손이 나오고
노오란 얼굴들이 나온다면
차라리 그때엔
그 어둔 지구(地區)에
까마귀로 하여금 목놓아 울게 하라.

　　　―〈쥐구멍에 햇볕을 보내는 민주주의(民主主義)의 노래〉의
　　　　　　　　　　　　　　　　　전문―

3. 서정 시인의 현실 문제

이 시에는 4·19를 노래한 어떤 시보다 격정적인 목소리가 담겨져 있다. 거리의 구호가 그대로 시구로 차용되고 있으며, "엎걸랑 그저 무참히 활을 겨누어도 좋다!"라는 선언에서 이 점을 쉽게 확인할 수 있다. 이처럼 이 즈음의 신석정 시에서는 목가적인 자연의 세계나 원초적인 고향과도 같은 어머니를 노래하던 서정적인 목소리는 온데간데없고, 억눌렸던 가슴에서 분수처럼 솟아오르는 다짐의 목소리만이 들리고 있다. 그리고 이 목소리는 1950년대 구차한 생활에 찌들어 들려주던 개인적인 부끄러움의 목소리와는 전혀 다른 것이었다.

이 같은 모습은 이 박사의 사진으로 밑씻개를 하자고 외친 김수영을 인용하고 있는 부분에서도 확인할 수 있다. 이승만 독재에 대한 강한 저항감을 보인 김수영을 넘어서고 있는 것이다. 그는 "어찌 그 치사한 휴지(休紙)가 우리들의 성한 / 육체(肉體)에까지 범(犯)하는 것을 참고 견디겠느냐!"라고 하여, 더 강한 저항의 정신을 노래하고 있다. 이승만의 사진을 밑씻개로 하기에는 치사하다고 표현하고 있으며, 더구나 그것으로 우리의 육체를 더럽히는 것은 용납할 수 없다는 것이다.

신석정은 이처럼 민주주의에 대한 강한 열망을 이 시기에 가지고 있었다. 즉 이 당시에 집중적으로 발표한 시 〈전아사(餞迓詞)〉, 〈단식(斷食)의 노래〉, 〈푸른 문(門) 밖에 서서〉, 〈영구차(靈柩車)의 역사(歷史)〉 등은 그의 이러한 현실 인식과 정치적 관점을 잘 보여주는 예이다.

이 중에서 〈영구차의 역사〉는 5·16을 비판한 작품이다. 그리고 〈단식의 역사〉는 4·19 이후에 결성된 '교원노조'를 옹호

한 작품으로, 5·16 이후에 이 작품이 문제가 되어 정보 기관에 의해 연행·구속되기도 했으며, 급기야는 잘 다니던 직장에서마저 쫓겨나야 했다.

  이 같은 개인적인 불행은 내면적으로 그를 강하게 단련시켰다. 5·16 군사 쿠데타를 통해 정권을 장악한 군사 정권의 개발 독재는 서정적인 시를 썼던 한 사람을 저항의 정신을 소유하고 표현할 줄 아는 시인으로 만들었다.

> 어둠이 범람하는 지역에
> 도도히 범람하는 처참한 지역에,
> 자꾸만 짐승들은 울고
> 목 놓고 짐승들은 자꾸만 울고,
> 쩌눌린 가슴이라 숨결도 영영 동결되어 가는가?
>
> '그렇지만 설마 그래서야 될리라구!'
>
> ―〈밤의 노래〉의 부분―

  어둡기만 한 밤이라는 그의 현실 인식이 잘 드러난 시이다. 즉 '쩌눌린 가슴이라 숨결도 영영 동결되어 가는' 현실 속에서 '설마 그래서야 될' 것이냐는 우려를 표명하고 있다. 그가 일찍이 〈슬픈 구도〉를 쓰면서 일제 강점기 현실을 밤으로 표현했던 것처럼, 이 당시를 밤으로 파악하고 있었다. 그리고 이런 관점에서 그의 서정시를 다양하게 해석할 가능성도 열려 있다. 특히 후기 시에 자주 등장하는 대나무나 산은 이런 해석을 가능하게 하는 좋은 예이다.

(5) 지식인과 현실의 무게

한 시인에게 닥친 불행한 경험, 그것은 이미 혼자서는 감당할 수 없는 무게였다. 그러나 혼자서 감당할 수밖에 없는 짐이기도 하였다. 그러므로 나약한 지식인이기만 했던 한 시인이 여러 차례 정보 기관에 불려가서 고초를 겪을 수밖에 없었다. (공식적으로 확인된 것은 두 차례이다. 그러나 6·25 시기에 자신이 원치 않음에도 불구하고 전주로 이주해야 했으며, 이 과정에서 많은 정신적 고역을 겪어야만 했다. 그래서 신석정은 파출소 앞을 지나가기를 무척 꺼렸다고 한다.──정열(鄭烈), 〈석정시와 나〉, 석정문학회 편, 『신석정대표시평설─임께서 부르시면』, 유림사, 1986) 그리고 이 같은 경험이 다음의 시에 잘 나타나 있다.

    눈물이 피잉 돌았다.
    햇빛이 너무도 눈부신 5월(五月) 어느 날, 남산(南山)을 내려오던 내 시야(視野)에는 그 숱한 고층건물(高層建物)들도 보이지 않았다. 황량(荒凉)한 벌판만 같아 보였다. 내 항상(恒常) 사랑하던 한강(漢江) 물줄기도, 백운대(白雲臺) 산자락도 보이질 않았다.

    다만
    그 짙푸른 나무 잎새마다 부서지는 햇빛이 내 흐린 눈망울을 스쳐 가고, 그 햇빛 속에서 셈없이 울어예는 휘파람새 소리가 흡사 꿈같이 들려오고 있었다. 나는 꼬옥 한라산(漢拏山) 어느 내리막 기슭인 것만 같은 그런 착각(錯覺) 속에 남산(南山)을 내려오고 있었다.

끝내
피잉 돌던 눈물은 사뭇 철 철 철 가슴벽을 타고 흘러가고 있었다. 갑자기 가슴이 뜨거워 오고 있는 것을 나는 느꼈다.

문득 나는
지금 쯤 고향(故鄕)에서 태산목(泰山木) 꽃을 무심ㅎ고 바라보던 아내의 눈에서도 어쩌면 눈물이 피잉 돌았을는지 모른다고 생각했다. 그리고, 서러울 것도, 기쁠 것도 없는 나날의 무사(無事)를 축원(祝願)하는 아내의 서투른 염불(念佛)이 시작되었을 무렵, 우리들은 명동(明洞) 어느 다방(茶房)에서 커피잔을 기울이고 있었다.

그것은
1969년(一九六九年) 5월(五月) 어느 날, 오후(午後)의 일이었다.

—〈서울 1969년 5월 어느 날〉의 전문—

인간으로는 도저히 참을 수 없는 고초를 겪고 나오면서 "눈물이 피잉 돌았다."라는 표현으로 집약하고 있는 시인의 마음은 이럴 때 어떤 기분이었을까? 여기서는 여러 말로 설명하기보다는 독자의 상상에 맡기기로 한다. 다만 이 시가 쓰일 수 있었던 상황을 이해하지 못한다면, 이 시는 한갓 신변사의 이야기쯤으로 간주될 정도로 감정이 절제되어 있다는 사실에 주목해야 한다. 그리고 이 당시는 절제하지 않고는 가난한 시인으로서 최소한의 생활마저도 영위할 수 없는 현실이었다는 점도 우리는 기억할 필요가 있다.

더구나 이 체험은 그가 이미 이순(耳順)을 넘긴 나이에 겪은 것이었다. 그렇기에 더욱 참혹했을 것이다. 그것은 파란만장한 자신의 삶을 되돌아보는 계기를 마련했다. 그러나 미처 다 풀어내기 전에 하늘은 그를 저 세상으로 불러갔다. 의욕적으로 글을 쓰고 싶었지만, 그에게 허락된 시간이 많지 않았다. 그래서 나에게 의연한 선비의 모습으로 기억되는 시인은, 자신의 삶만큼이나 다양한 시편(詩篇)들을 남기고 이 세상을 떠나갔다. 우리의 곁에서 영원히…….

변산 반도의 입구에 세워진 신석정 시비 (1991. 8. 16 건립)
시비에는 그의 시 〈파도〉(오른쪽 위)와 건립 취지를 알리는 '건립문(建立文)'(오른쪽 아래)이 각각 새겨져 있다.

4

시론에 나타난 서정시의 정신

(1) 글쓰기로서의 시론

　시론(詩論)이라는 용어를 쓸 때, 우리는 대략 두 가지 관점에서 이야기한다. 그 하나는 시에 대한 일반적인 이론, 즉 원론으로서의 시 이론이며, 다른 하나는 시인들이 가지고 있는 시에 대한 생각이나 관념이 이에 해당한다. 이 글에서 주로 논의하고자 하는 시론이라는 개념은 시를 쓰는 것을 평생의 업(業)으로 삼고 있는 사람인 시인들의 시에 대한 생각이나 관념이다. 따라서 시론은 시인이 시를 무엇이라고 보고 있으며, 어떤 세계관이나 이념, 감정을 유지하면서 시작(詩作)에 임하느냐는 것과 관련된다.
　일반적으로 시인은 자신의 시에 대한 생각을 산문이나 운문의 형태로 직접 서술하거나, 다른 시인의 시에 대한 생각을 쓴 평론을 통하여 간접적으로 서술한다. 때로는 시인 자신의 일관된 시작 활동을 통하여 드러내게 된다. 따라서 직접 서술한 경우를 제외하고는, 시인의 시론은 다양한 형태의 글에서 추론할 수밖에 없다. 그리고 시를 많이 쓴 시인일수록 직접적이든 간접적이든 시론을 서술하기보다는 시작 활동을 통하여 추론하여야 하는 경우가 많다. 시인은 자신의 시나 남의 시에 대하여 구구절절이 설명하기를 싫어하는 편이다.

이런 점은 시라는 운문 형태에 익숙한 시인이 산문에 대하여 거리를 두려는 태도에서 연유하는 듯하다. 시인들이 수필이나 단상과 같은 형태의 글은 많이 남기고 있지만, 이런 글쓰기 양식과는 사뭇 다른 논문의 형태를 지향하는 시론은 거의 남기지 않는다는 사실을 우리는 종종 확인할 수 있다. 이 점에 있어 신석정 역시 예외는 아니다. 즉 신석정의 시론은 논리적인 논문의 형태보다는 수필적인 단상이나 평론의 형태를 주로 보여주고 있으며, 이런 이유로 해서 그의 시론들은 수필이 그렇듯이 여러 부분에서 비슷하거나 같은 맥락의 내용이 반복되어 서술되고 있다.

그럼에도 불구하고 신석정은 다양한 글쓰기 양식을 구사하여 비교적 여러 편의 시론을 직접 서술하고 있다. 자신의 시집에 서문이나 발문 형태로 서술하기도 했으며, 때로는 산문의 형태로 자신의 시에 대한 생각이나 다른 사람의 시에 대한 생각을 드러내고 있다. 이 글은 우리 시문학사에서 대표적인 목가 시인, 서정 시인으로 불려지는 신석정의 시에 대한 생각을 살피는 것을 목적으로 한다. 이를 위하여 자신의 유고(遺稿) 산문집이 되고 만 수상집 『난초잎에 어둠이 내리면』(지식산업사, 1974)을 중점적으로 분석할 것이다.

수상집 『난초잎에 어둠이 내리면』의 표지

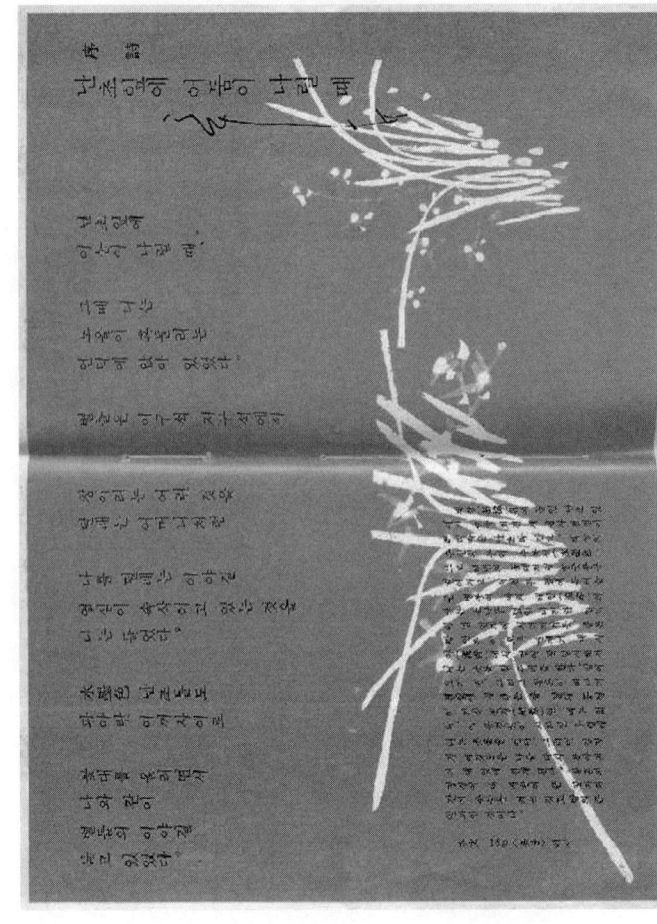

수상집 『난초잎에 어둠이 내리면』의 서시

일제 강점기와 남북 분단 사회로 대표되는 불행한 근·현대사를 살면서도, 비교적 일관되게 서정시를 쓴 시인 신석정은 시를 어떻게 생각했을까? 그리고 이 같은 시대에 어찌 보면 별로 역할을 하지 못할 것 같은 시의 기능은 무엇이라고 보았을까? 아울러 그의 생애를 통하여 짐작할 수 있는 바와 같이 그리 순탄하지만은 않았던 시인의 삶과 그의 시는 어떤 관계를 가지고 있었던가? 이런저런 문제들에 대하여 주로 산문의 형태로 발표된 시론들을 중심으로 알아보고자 한다.

(2) 체험으로서의 시론

  어린 시절 부안이라는 조그만 소읍에서 한학과 시문을 공부한 선대(先代)들의 영향을 받았던 신석정 역시 처음에는 한학을 공부하다가 근대적인 학문에 눈을 뜨게 된다. 신석정의 초창기 시작에 강한 영향을 준 시인은 〈불놀이〉로 우리 근대 시문학사의 선편(先鞭)을 장식한 주요한과 서정적인 단시(短詩)인 『서정소곡』을 발표한 독일의 세계적인 서정 시인 하이네(Heine)였다. 이 같은 사실은 그의 문학적 편력을 기록하고 있는 회고들의 첫 부분에 단골로 언급되어 있다.
  이런 사람들 중에서 신석정이 평생 시업(詩業)에 종사하게 되는 계기를 마련해 준 먼 친척이 되는 문학 청년 남궁현은 중요한 인물이다. 그는 『창조』와 주요한을 소개했을 뿐만 아니라, 습작인 〈기우는 해〉를 쓰게 되는 동기를 제공하였으며, 이 습작을 보통학교 은사이자 종매부인 성해 이익상이 학예부 기자를 하고 있던 ≪조선일보≫에 투고하도록 격려하였다. 이 때가 1924년이다. 그리고 이 시기 우리 근대시는 김억·황석우 등에 의하여 프랑스 상징주의가 수용되어 퇴폐적이고 감상적인 시가 주류를 이루는 한편, 낭만적인 정서의 세계를 표현한 민요조 서정시가 김억·김동환·김소월 등에 의하여 창작되기 시작하였으며, 이 같은 경향과는 사뭇 다른 신경향파 시가 김기진·이상화·김석송 등에 의하여 소개되기도 하였다.

이 때 신석정은 주요한의 시에 많이 경사(傾斜)되어 있었다. 〈기우는 해〉를 비롯한 그의 초창기 습작시는 이를 잘 보여주고 있다. 그러다가 시를 포기하고, 한문 공부와 노장 철학, 도연명, 타고르를 읽는 한편 김억을 만나면서 문학도(文學徒)의 꿈을 다시 키운다. 그리고 불교를 공부하기 위하여 서울에 상경한 후, 불경 공부보다는 문학의 길을 택하게 된다. 이 즈음에 그는 『시문학』과 정지용, 김기림 등을 만나게 된다. 신석정은 이 때의 감회를 후에 다음과 같이 회고하고 있다.

　　내가 처음 씨를 알게 된 것은 작으나마 시단에 한 발자취라도 남기려니 하는——지금 생각하면 실로 무서운 야심——생각을 하든 무렵이니 그것이 바로 『조선지광』에 발표된 씨의 〈향수〉라는 시를 통해서이다.
　　그때 안서와 요한의 세계에서 주유(周遊)하던 나는 '지용'이라는 경이의 신영토를 발견하였으니 〈향수〉 1편은 나의 미각을 새롭게 하는 야자수의 열매이었던 것이다.
　　　　　　—〈인상적 소묘 정지용론〉(『풍림』 5, 1937. 4)—

안서와 요한으로 대표되는 감상적인 시 세계를 (그의 표현대로) 주유하던 신석정은 정지용이라는 새로운 세계에 눈을 뜨게 된다. 그리고 이 같은 영향은 곧바로 〈향수〉(《동아일보》, 1929. 1. 25)로 나타나며, 당시 순수 서정시의 세계를 표방한 『시문학』과 인연을 맺게 되는 계기를 마련한다. 즉 『시문학』 3호(1931. 1)에 발표한 〈선물〉은 신석정을 '시문학사'로 인도하여, 정지용, 박용철, 김기림, 김영랑 등과 교유하도록 하였다. 그러나 서정 시인이었던 신석정은 이 당시가 아름다운 것만은 아니었다.

그는 날로 어려워지는 개인적인 생활의 문제와 민족의 현실을 더 이상 외면할 수 없었다. 그는 결국 서울에서의 삶을 포기하고, 낙향하여 농사를 지으면서 가난으로 대표되는 생활의 문제에 부딪치게 된다. 아울러 이 같은 삶 속에서 자연과 어머니로 대표되는 초기 시의 세계를 개척하기에 이른다. 그는 가난과 싸우면서 영원한 인간의 고향인 자연과 모든 인간의 그리운 품인 어머니를 노래하였다. 즉 1939년 간행된 처녀 시집 『촛불』은 이 같은 초기 시의 세계를 잘 보여준다. 그리고 이 때의 시인 신석정의 현실 인식과 심정은 다음 글에 잘 나타나 있다.

> 그 안식소에 '초ㅅ불'을 켜놓고 죄 없이 부르던 목가(牧歌)에 슬픈 빛깔이 차츰차츰 배어들기 시작하여, 끝내는 이 사나이의 손때가 절게 길러온 어린양들을 모조리 승냥이 떼에게 앗기고 말았으니, 이 사나이의 설움은 그때 바야흐로 무성하였던 것입니다.
> 푸른 목장의 훌륭한 아침과, 가장 고요한 황혼을 잃어버리고, 귀에 익은 양떼의 가냘픈 소리도 차츰 멀어진 무렵, 나의 목가는 나날이 슬퍼졌던 것입니다.
> ―〈나의 몇몇 시우에게 ―『슬픈 목가』의 뒤에〉(『슬픈 목가』, 1947) ―

신석정은 이 당시를 '안식소'에서 '촛불'을 켜놓고 '목가'를 부르고 있었다고 회고하고 있다. 이 짧은 기록에서 구사되고 있는 어휘들은 '어머니'와 더불어 초기 시의 세계를 대표하는 말들이다. 그러나 이 안식소에서 시인은 슬픔을 감지하고 있다. 그는 날로 어려워지는 민족의 현실에 대하여 적극적인 저항을 하지 못하는 불행한 지식인 시인의 심정을 토로하고 있다. 이런 측면에서 이 슬픔을 노래한 시 작품들을 모아서 승냥이 떼들이 물러간 후에 발표한 『슬픈 목가』라는 제2시집의 제목은 아주 시사적이다.

즉 '슬픈 목가'는 한 시기를 종언하고 새로운 시기를 맞는 정리의 노래였으며, 새로운 시대에 대한 새로운 다짐이었다. 그는 해방을 남다른 기쁨과 설렘을 가지고 맞았다. 그것은 숨막히는 현실 속에서 저항하지 못한 부끄러운 자신에 대한 반성이었으며, 새로운 시대에는 결코 이 같은 부끄러움을 반복하지 않겠다는 다짐으로 해석할 수 있다. 그래서 그는 곧바로 상경하여 서울에서의 희망찬 생활을 기획하기에 이르며, 다음과 같이 이 기쁨과 다짐을 말하고 있다.

'아름다운 슬픔'을 뼈에 사무치도록 줄곧 찾아가기에도, 그때의 천후(天候)는 너무나 불순하였던 것을 그대들도 알으시리라.
어머니의 품으로 돌아가는 길이 다시 열리던, 1945년 8월 15일, 나는 목놓아 울었습니다.
거기서 오래오래 지니고 살아오던 나의 슬픔과 더불어 청춘을 고스란히 문을 닫혔기 때문입니다.
'인제 어디로 가겠느냐?'구요. 성한 피가 내 혈관을 도는 한, '새벽'과 '아침'과 대담한 '대낮'을 찾아, 끝끝내 한 송이 해바라기로 다시 피어보리라. 그것은 어느 가난한 마을 울 옆이래도 좋고, 나지막한 산기슭이라도 좋겠습니다.

　　　　―〈나의 몇몇 시우에게 ―『슬픈 목가』의 뒤에〉―

역사적으로는 한 시대, 개인적으로는 청춘을 마감하는 1945년. 그는 아침과 새벽과 대낮을 찾아서 살고자 했다. 그것이 비록 고난의 길이라고 하더라도 말이다. 그리고 그것은 어머니의 품으로 다시 돌아온 것이라고 설명하고 있다. 그러나 신석정의 회고나 주변 사람들의 회고는 대부분 이 언저리에서 끝나고 있다. 이후 약 10년간 그는 시를 쓰는 시골 학교의 국어 선생이고자 했으며, 시간이 나면 가까운 친구나 제자들과 같이 산과 들, 바다를 여행하는 여행자이고자 했다.

이 시기 그는 더 이상 시에 대하여, 그가 살았던 어려운 세상에 대하여 기록을 하지 않고 있다. 비록 몇 편의 짧은 회고가 1958년 이후부터 쓰여졌지만, 이 같은 기록 역시 해방 전까지로 기억의 사슬이 끝나는 자기 검열을 감행하고 있다. 그렇기 때문에 이후 신석정의 시에 대한 생각이나 세상에 대한 생각은 철저한 자기 검열에 의하여 편집된 유고 수상집을 통하여 추측할 수밖에 없다.(물론 이렇게 간접적으로 추측할 수밖에 없는 데에는, 연구자들의 자료 발굴 및 보완의 불철저함과 신석정에 대한 많은 자료들을 공개하지 않는 타인 검열도 작용하고 있다.)

(3) 서정시와 생활

 어떻든지 그의 시작을 보면, 신석정은 해방을 계기로 하여, 이전과 같은 서정 시인, 목가 시인의 길은 포기하는 것 같다. 그는 생활의 시인이 되고자 했다. 여러 가지 여건이 그를 작은 읍에서 지방 도시로 생활의 근거지를 옮기게 했으며, 이 곳에서 도저히 감당할 수 없는 가난과 싸워야 했다. 학자, 시인의 전 재산이자 생명이나 다름없는 서책이나 시집의 판권을 단돈 몇 푼이나 쌀 몇 가마에 팔아야 했으며, 그것은 일제 강점기 시인이 겪었던 슬픔이나 부끄러움과는 또 다른 경험이었다.
 이 과정에서 그는 자신이 쓰고 있는 시를 다시 생각한다. 그것은 이제 시는 생활 속에서 우러나오는 것이어야 한다는 사실이다. 이미 해방 직후에 발간된 『슬픈 목가』에서도 나오기 시작한 '생활'이라는 용어가 시의 내용이 되고 있으며, 그 자신의 시나 다른 사람의 시를 바라보는 잣대가 되고 있다.(통계적으로 분석한 것은 아니지만, 신석정의 수필을 제외한 산문에서 흔히 나오는 용어이기도 하다.) 그래서 그를 짓누르고 있던 것은 어떤 형태든지 생활이라는 용어였다. 서정시에 대한 수필적 단상을 기록하고 있는 다음의 글은 이를 잘 보여주고 있다.

 실상 시를 쓴다는 것은 시에서 살고 싶은 욕망에서 발로된 행동의 일단이 아닐 수 없기 때문이다. 오늘까지의 인간 사회란 인간과 예술이 제각기 딴 영역에서 인간 생활의 진의는 오랜 시간을 두고 몰락했다고 당신은 생각해 본 일이 없는가? 인간 생활의 참된 의의를 시 예술과 생활을 분리할 수 없는 경지에서 찾을 수 없다면, 그것은 절망된 세계의 주민이거나 정상성을 잃은 사고에서 오는 불완전하고 비정상적인 인간일 것이다.
　(중략)
　시작법(詩作法)에 있어서의 기술적인 기교가 아니라, 시의 영원한 고향인 시인의 생활 태도를 이름이니, 시인이 발견한 미는 곧 진실이기 때문에 시는 모든 예술의 원천인 동시에 출발이요 또한 귀결이다.
　　　　　─〈서정시 소고─그 수필적 노우트〉(231~233면)[1] ─

　'시 따로 생활 따로'라는 말은 성립될 수 없다는 것으로 요약되는 위의 글은 시인 신석정이 생활을 어떻게 보고 있으며, 서정시가 무엇을 형상화하고 지향하여야 하는가를 잘 보여준다. 그는 시나 예술이 생활과 분리된다면 '불완전하고 비정상적인 인간'의 산문이 될 뿐이라고 규정하고 있다. 나아가서 시작법 역시 기술적인 기술이 아니라 시인의 생활 태도를 실현하는 것이라고 단정하고 있다. 그에게서 생활은 곧 예술이었으며, 생활을 떠나서는 예술을 생각할 수 없었다.
　이 같은 생활에의 강조는 일찍이 신경향파 시기나 카프 계열의 시인들이 주장했던 계급적인 당파성에 입각한 생활의 반영이 시나 문학이라는 관점과는 전혀 다르다. 그러나 이들의 주장에서 '계급적인 당파성'이라는 용어를 제외한다면, 신석정의 주장이 이들의 주장과 거리가 먼 것만은 아니다. 프로 문학자들이

---

[1] 앞으로 『난초잎에 어둠이 내리면』에 수록된 시론을 인용하는 경우에는 제목과 해당 면수만을 밝힌다.

관념 속에서 생활을 읊으면서 생활의 반영이 예술이라고 주장한 것에 비하여, 신석정은 생활은 예술의 원천이 되는 것으로 생활과 예술은 분리할 수 없는 것이라고 생각하고 있었다. 다음의 글 역시 이 같은 신석정의 생각을 잘 드러내고 있다.

> 요는 어떻게 우리가 살아야 가장 가치 있는 생활자(生活者)일 수 있느냐에 귀결할 것이니, 시의 고향은 바로 생활이 아니면 안 될 것이다. 그러므로 아름다운 행동은 아름다운 생활에서 출발하는 것이니, 이 행동에 대한, 또는 이 생활에 대한 향수와 동경은 바로 시가 아닐까?
> 시를 쓴다는 것은 시에서 살고 싶은 욕망에서 발로하는 행동의 일단이라고 나는 말하고 싶다.
> ─〈젊은 시인에게 보내는 편지〉(270면)─

위의 글은 생활과 시를 분리할 수 없다는 생각을 단적으로 나타내고 있다. 그는 '생활에 대한 향수와 동경'이 시이며, "시를 쓴다는 것은 시에서 살고 싶은 욕망에서 발로하는 행동의 일단"이라고 단정하고 있다. 이 같은 생활과 시의 관계에 대한 신석정의 생각은 주로 어렵고 힘들었던 시절에 만났던 사람들보다는 문학 청년 시절에 만났던 '시문학' 동인들의 낭만주의 문학관과 깊은 관련이 있다. 즉 조운, 해방 후의 이병기·김기림·정지용이 보여주었던 계급 문학적 지향보다는 해방 전의 박용철·정지용, 해방 후의 조지훈이 지향했던 낭만주의 또는 순수 서정시[2]를 지향하고 있었다. 즉 생활과 시가 분리될 수

---

2) 순수 서정시의 시론과 계보에 관해서는 윤여탁, 「기교주의 논쟁의 전개와 그 의미」(『시의 논리와 서정시의 역사』, 태학사, 1995)를 참조할 것.

없는 살아 있는 유기체로 보았으며, 이 같은 생활의 시적 형상화는 시인의 영감에 의하여 가능하다고 보았다.

　끝으로 말하고 싶은 것은 구상한 시를 조급히 형상화시키기에 서둘 것이 아니라, 오래오래 가슴에 간직하여 두었다가 어느 우연한 기회에 섬광을 보듯이 정신적 충동을 받았을 때 머리에 써 두었던 것을 붓을 들어 건축가가 마치 도면을 그리는 심경으로 비로소 종이에 차근차근 옮기는 것이 좋은 방법이라고 하고 싶은 것은 나의 오랜 경험에서 얻은 바이다. 이 정신적 충동을 받을 때를 인스피레이션이 떠오른다 하는데 이것은 일부에서 말하듯이 신의 계시 같은 것이 아니라, 다만 정신적 통일을 얻는 순간을 말하기 때문에 영감이라고도 한다.
　요컨대 과실은 익은 뒤에 수확할 수 있고, 파종한 종자가 발아하기에는 적당한 습도와 온도에서 일정한 시간의 경과가 필요한 것과 다름없을 것이다.
　　　　　　　― 〈나는 시를 이렇게 생각한다〉(222~223면) ―

　위의 글은 자신의 시인 〈내 가슴 속에는〉이라는 3부 12연 36행의 비교적 긴 시의 시작 과정을 상세하게 설명하고, 이를 정리하고 있는 부분이다. 이 같은 설명 과정에 앞서 그는 생활과 거리가 먼 화조풍월(花鳥風月)을 읊조리는 시인들을 비판하고 있다. 즉 시가 "항상 우리의 뜨거운 가슴에서 살고 부단히 움직이는 역사와 더불어 성장하고 응결하여 탄생한다."라는 역사성을 망각하고, "시의 목적의식(目的意識)을 부정한다기보다는 두려워하고, 또 회피하는" 시인들을 비판하고 있다. 아울러 이 같은 생각은 조지훈의 〈승무〉와 서정주의 〈국화 옆에서〉가 창작된 과정을 설명하는 데(〈젊은 시인에게 보내는 편지〉, 263~265면)에서도 똑같이 반복되고 있다.

  이 글에서 그는 시적 형상화라는 것은 오랜 경험과 생활 속에서 이루어지는 것으로 수많은 절차탁마(切磋琢磨)의 과정을 거치는 것이라고 설명하고 있다. 그리고 이런 주장은 우리 근대 시론사에서 대표적인 순수 서정시론이자 낭만주의 문학론의 하나인 박용철의 「시적 변용으로」(『삼천리 문학』, 1938. 1)를 요약한 듯한 느낌을 준다. 즉 ① 오래오래 가슴에 간직하였다가 억누를 수 없는 때 쓰는 것이라는 관점(워즈워드의 '감정의 자발적인 넘쳐 흐름'과 유사한), ② 충동이나 계시보다는 정신적 통일을 얻는 순간에 오는 영감의 산물로 보는 관점, ③ 시의 창작 과정을 식물이 발아, 성장, 개화, 결실의 과정을 거치는 것처럼 유기체로 비유하고 있는 점 등이 그 단적인 예이다.

  이처럼 신석정은 시라는 것이 생활과 분리될 수 없는 상황에서 그 문학 청년기 이후를 살았으며, 이런 경험을 철저하게 그의 시와 시론으로 정립하고 있다. 그것은 부분적으로는 이전에 자신의 시 세계였던 순수 서정시와 낭만주의 시 세계였으며, 다른 한편으로는 이후 자신의 시 세계인 현실과의 대결을 표현하는 맥락으로 이어지고 있다. 다만 그의 시는 일관되게 서정시의 계보를 유지하면서, 그가 주장하는 것처럼 올바른 정신 세계와 진리를 추구하고 있다.

(4) 현실 참여의 시론

해방 이후 신석정의 시론은 앞에서 언급한 생활의 문제와 이 부분에서 논의할 시 정신의 문제로 요약할 수 있다. 그는 누구와도 비교할 수 없을 만큼 순탄치 않은 삶을 살았다. 그는 이 같은 맥락에서 '지조'를 주장한 후배 시인 조지훈을 좋아했으며, 여러 자리에서 지조의 중요성을 설명하고 있다. 이것은 달리 말하면 세계를 파악하는 시인의 일관된 정신이요, 역사의 전개를 바르게 판단하여 행동할 수 있는 역사 의식이자, 현실을 올바로 바라볼 수 있는 안목이기도 했다. 신석정은 이 같은 생각을 일찍이 불교의 대석학 석전 박한영과 만해 한용운을 만나면서 가지게 되었다.

그렇기에 그는 그 어렵고 어두운 현실 속에서도 민족사의 슬픔을 읽어낼 수 있었으며, 해방 혼란의 정국을 슬기롭게 넘기면서 생활을 선택할 수 있었던 것이다. 신석정은 생활을 이루어내는 힘을 역사 속에서 도도하게 흐르는 위대한 철학과 정신으로 보고 있다. 같은 맥락에서 그는 일제 강점기라는 식민지를 살면서, 영국의 식민지였던 인도를 구원하고자 했던 간디와 타고르를 숭배했다. 다음의 글은 이러한 그의 생각을 잘 보여준다.

> 좋은 종자에서 좋은 개화와 좋은 결실은 약속될 것이요, 나쁜 종자에서는 아예 좋은 결실의 약속은 불가능한 일이다. 괴테는 스피노자와 칸트의 철학에 의거하였으나, 그의 시의 근원에는 스피노자와 칸트라는 대하(大河)가 도도히 흐르고 있었다는 것을 우리

는 쉽사리 알 수 있을 것이며, 저 인도의 시성(詩聖) 타고르 또한 그의 사상의 근원에는 인도 고대의 종교 철학인 우파니샤드(Upanisad)에 의지하고 있는 것이다.

나의 조국이여! 나는 그대에게 나의 모든 것을 바치노라. 그대를 위하여 목숨을 바치노라. 그대를 위하여 나는 울고, 그대를 위하여 나는 노래부르리. 설혹 내 팔이 가녀리고 또 아무 힘이 없어도, 나는 그대를 위하여 바치리. 나의 칼은 부끄러움에 녹슬었어도 그대를 휘감은 쇠사슬을 끊으리. 오오! 나의 조국이여!

이렇게 그는 절규하였으니, 그 당시 영국의 관헌이 이 저항의 시를 탐탁스럽게 생각했을 까닭이 없다. 실로 이 위대한 저항의 시는 이 시인의 위대한 철학에서 출발하였을 것이니, 이런 예는 매거(枚擧)할 겨를조차 없을 것이다.
— 〈젊은 시인에게 보내는 편지〉(266~267면) —

위의 글에 나타난 것처럼 신석정이 타고르를 좋아하는 이유는 그가 지닌 조국을 사랑하는 정신이자, 저항의 정신 때문이다. 그 단적인 예가 위의 글에서 인용하고 있는 타고르의 시이다. 여기서 타고르는 조국을 위하여 나의 모든 것을 바치겠다고 다짐하고 있으며, 그것은 이 시인의 위대한 철학에서 연유한다고 설명하고 있다. 이 같은 관점은 『논어』의 한 구절인 '君君, 臣臣, 父父, 子子'를 들어, 시인은 시인다워야 한다는 주장(같은 글, 253~254면)을 하는 맥락과도 관련이 있다. 즉 자신이 맡은 바에 최선을 다하는 정신을 시인이 갖추어야 할 중요한 덕목으로 설명하고 있다.

신석정은 시인이기 전에 인간이 되어야 한다고 말하고 있다. 이를 타고르에서 읽어내고 있으며, 우리 시인으로는 만해 한용운에게서 읽어내고 있다. 그는 인도의 타고르처럼 한용운에게서 시인이기 전에 민족을 파탄에서 구원하려고 한 민족 운동가의 면모를 발견한다. 그리고 실제로 여러 글에서 신석정은 한용운의 삶과 그의 시를 극찬하고 있다. 다음의 글은 그 대표적인 예이다.

> 구름 밖에 홀립하고 있는 거악(巨嶽)은 아무리 우리와 거리를 멀리하고 있으되 우리 시야에서 사라지지 않고 더욱 그 윤곽이 뚜렷이 군소봉(群小峰) 위에 군림하고 있는 모습과 다름이 없듯이, 지금도 우리 머리 위에 뚜렷이 그 모습을 나타내고 있는 것이 바로 시인 한용운의 위대성인 것이다.
> ─〈시인으로서의 만해 ─ 문학적 견지에서 본 문인 한용운〉
> (235면) ─

위의 글을 누가 시인론이나 시 평론이라고 볼 수 있겠는가? 위의 글은 제목과는 달리 극단적인 찬사(讚辭)로 채워져 있다. 마치 어느 사람의 비석에 새겨진 묘지명(墓誌銘)이라는 착각을 주기도 한다. 그만큼 감정이 절제되어 있지 않은 글이다. 이 점은 한용운이 신석정에게 위대한 시인이자 독립 운동가로 이해되었기 때문이다. 그에게 있어 한용운은 그 자신이 영위하는 생활의 지침이 되는 정신과 철학의 사표(師表)였다. 그리고 이 같은 생각은 아마도 해방 이후 자신에게 닥친 여러 고난들을 겪으면서, 생활의 지표로 더욱 절실하게 다가온 듯하다.

또 다른 의미에서 아니 소박한 의미에서 생활의 방편이었던 학교에서 쫓겨나기도 했으며, 정보 기관에 연행되어 고초를 겪으면서, 그는 일관된 철학을 가지고 지조를 지키는 것이 얼마나 어려운가를 몸소 체험하였다. 그렇기에 그는 "괴테만 못해도 좋습니다. 에즈라 파운드만 못해도 좋습니다. 그러기에 나는 우리 민족의 영원한 시인 한용운을 존경하고, 내 가슴에 지니는 것입니다. 너무나 일찍 떠난 지훈을 아끼는 까닭도 여기 있습니다. 이들의 높은 지조는 우리 문학사의 영원한 등불이기 때문입니다."(《젊은 시인에게 보내는 편지》, 255~256면)라고 칭송하고 있다.

이 같은 그의 생각은 그가 살았던 1960년대 중요한 비평사의 화두(話頭)가 되었던 '순수·참여 논쟁'에 대한 관점으로 이어지고 있다. 그는 앞에서도 간단히 언급한 바와 같이 계급 문학으로 방향을 바꿨던 사람들과 친분이 있었으며, 이들이 주장한 생활과는 거리가 있지만 생활을 중시하고 있었다. 아울러 시인의 정신이나 현실에 대한 인식을 강조하고 있다. 그는 이 단계에 이르러 현실과 생활의 문제를 직접적으로 시인의 정신과 연결시키고 있으며, 시인에게 있어 지조로 대표되는 시 정신을 중요한 시작의 지침으로 삼고 있다. 다음의 글을 보면 이를 잘 알 수 있다.

'현실 참여는 행동으로 하고, 시만은 순수 서정시로 써야 한다.'는 시인이 부조리한 현실 상황에 눈을 감는 것은 자유다. 그러나 그 시인이 고집하는 순수 서정시란 따지고 보면 현실 도피의 구실에 불과하다.

　설령 음풍농월로 현실을 도피했다고 가정하더라도, 그 도피의 태도 가운데 부조리한 현실에 대한 강한 증오의 감정이 저류하고 있다면 천만 번 다행한 일일 것이나, 만에 일이라도 현실 순응에 그쳤다면 그에 더 불행한 일은 없을 것이다. 현실 도피건 현실 순응이건 그 시인의 시작 활동이 있는 한, 그것은 현실 참여임에는 틀림없다. 다만 현실 참여의 농도와 방향이 다를 따름이다.
　　　　　　　　　　— 〈시정신과 참여의 방향〉(251면) —

　위의 글에서 신석정은 다른 여러 글에서 다른 시인들(예를 들면 한용운, 타고르, 조지훈)을 예로 들어 간접적으로 주장하던 바를 포기하고 있다. 그는 현실 참여에 대한 분명한 생각을 말하고 있다. 특히 자신이 일찍이 지향했던 순수 서정시의 세계는 현실 도피일 뿐이며, 극단적인 경우에는 현실 순응으로 나아간다는 것이다. 그리고 이 같은 현실 순응은 분명히 또 다른 방향에서의 현실 참여라고 설명하고 있다. 현실 순응이 현실 참여를 반대하는 관점을 취함으로써, 현실 참여를 반대하고 탄압하는 이데올로기에 봉사하고 있음을 읽어내고 있다.

　이 점은 순수 서정시가 우리 근대 이후의 시사에서 현실 참여나 목적 의식을 부정하면서, 우리 문단의 주도권을 장악하기 위하여 자유 민주주의라는 이름으로 반공 이데올로기를 내세웠던 점3)에서 쉽게 확인된다. 즉 신석정은 1960년대 이후, 4·

---

3) 해방 이후 우리 시 교육을 장악한 이데올로기에 대해서는 윤여탁, 「시의 이데올로기와 교육」(『시 교육론 — 시의 소통 구조와 감상』, 태학사, 1996)을 참조할 것.

19와 5·16이라는 현대사의 격동을 겪으면서, 시에서의 생활이나 정신의 중요성을 주장하는 단계를 넘어, 이를 현실의 문제에 반영하는 적극적인 태도를 취해야 한다는 관점에 이르게 된다. 그리고 이 점은 그가 한용운이나 조지훈을 '우리 문학사의 영원한 등불'이라고 주장한 점과도 깊은 관련이 있다.

끝으로 이 시기 신석정은 소위 '난해시(難解詩) 논쟁'에 대하여 간단히 언급하고 있다. 즉 엘리엇의 〈황무지〉를 예로 들어 난해시의 원인은 독자의 태만(怠慢)이 주된 것이라고 지적하고 있다. 그러나 석정은 모든 탓을 난해시에게만 돌리지는 않는다. 즉 그는 난해시의 창작이나 출현이 역사의 진전을 보여주는 한 현상일 수 있다는 맥락에서 난해시라고 규정되는 시의 역사적 가치를 제대로 파악하여야 한다고 말하고 있다. 또한 난해시는 "현대 사회의 부조리성을 완전히 소화하지 못한 시인들의 소화 불량적 증후(症候)에서 결과한 것"(《젊은 시인에게 보내는 편지》, 269면)이라고 보고 있다.

이처럼 1960년대 이후 신석정은 정치적인 문제와 관련된 현실에 관심을 가지면서, 과거에 가지고 있던 나름의 관점을 새로이 정리하고 있다. 아울러 이 시기 다양한 각도에서 제기된 현대 시론사의 여러 문제에 대한 나름의 관점을 피력하고 있다. 그 단적인 예가 참여시나 난해시에 대한 언급이다. 이런 관심은 그가 해방 이후에 보여준 시작 태도나 시론과 멀리 떨어져 있지 않다.

(5) 삶, 시, 시론

  일찍이 신석정의 제자이자 충실한 연구자의 한 사람으로 그를 따라 서정적인 시를 썼던 허소라(許素羅, 본명 許衡錫)는, 신석정에 대하여 일제 강점기와 자유당 독재 정권, 5·16 이후의 군사 독재, 1970년대 유신 정권을 헤쳐 나가면서 누구보다도 치열한 현실 비판의 정신을 가진 '참여 시인'이었다고 밝힌 바 있다. 아울러 신석정은 초기부터 자연 사물에 빗대 작품을 썼으나, 주제의 치열성에 있어서는 신동엽이나 김수영에 못지 않은 비판 의식을 보여주고 있다고 평가하고 있다. 그는 이런 측면을 설명하기 위하여 일제 강점기와 5·16 전후, 1960년 말부터 유신 시절의 현실 비판적인 시와 시론들을 구체적으로 예시하고 있다.4)

  물론 이처럼 신석정을 '참여 시인'으로 규정하는 데에는 전적으로 긍정할 수 없는 부분도 있다. 그러나 나름대로는 의미를 지니는 평가이기도 하다. 즉 앞에서 살핀 바와 같이 신석정은 현실 또는 생활과 시가 분리될 수 없다는 관점을 지녔으며, 적어도 1960년대 이후에는 현실을 적극적으로 비판할 수 있는 정신과 자조, 철학을 시인이 갖추어야 한다고 주장하고 있다. 아울러 이런 대표적인 시인으로 타고르, 만해 한용운과 같은 저항 시인을 예로 들고 있다.

  신석정은 생활과 타협하기보다는 현실과 대결하면서 살았고,

---

4) 허형석, 「신석정 연구」, 경희대학교 대학원, 1988.

그의 시와 시론들은 이를 잘 보여주고 있다. 더구나 그는 전통적인 서정시 또는 순수 서정시라고 명명되는 일단의 시들에 대해서는 그리 곱지 않은 시선을 보내고 있다. 그 이유는 순수 서정시가 목적 의식을 가진 시를 비판함으로써, 그 반대의 이념을 주장하는 결과를 낳았기 때문이며, 그 같은 순수 서정시에는 현실을 비판하기보다는 순응하고 회피하는 정신이 담겨 있기 때문이다. 이런 측면에서 신석정 역시 비교적 일관되게 서정시를 쓴 시인이지만, 그가 비판하고 있는 여타의 순수 서정시를 쓴 시인들과는 구별된다.

우리 근대 시문학사에서 순수 서정시의 이론(박용철)과 실제(김영랑, 정지용)를 보여주었던 『시문학』의 동인으로 참여하면서, 이들의 지향과 비슷한 시를 썼던 신석정. 일제 강점기의 말기에는 암울해지기만 하는 민족의 현실을 슬픈 눈으로 바라보던 신석정. 해방 이후의 현대사의 질곡 속에서 생활의 시를 썼던 신석정. 1960년대 이후에는 독재 정권에 맞서 지조와 비판의 정신을 강조하던 신석정. 이것이 이 책에서 살핀 신석정의 삶이었고, 문학의 전부였다.

□ 부 록

『슬픈 牧歌』의 서문과 발문 원문

『슬픈 牧歌』에 받치는 글

夕汀은 詩에서 살으랴는 마음에서 詩를 쓴다고 한다.
夕汀은 詩와 生活이 멀어진뒤에 詩를 썼다고 한다.

그러나―.
夕汀은『촛불』以前에 詩에서 살었고, 詩에서 살었기에 그의 詩는 행결 명랑하고 아름다운것이라고 나는 본다. 푸른꿈을 지니는 것이 詩가 아니라고 못할진대 그는 그런 詩에서 살었고, 흰구름과 푸른山이, 그리고 숲길과 바다가 언제나 그의 옆에 있었다면, 또한 그는 그런 詩에서 살았던것이다.
그러기에 이 시절을 夕汀은 詩에서 살기를 그리워하던 시절이라고 나는 본다.
(1행 누락) 에 그의 발자최가 점점 멀어질 무렵, 그는 '生活' 속에서 '詩'를 그리워하기 시작하였고, 급기야는 그의 마음은 그의 몸둥아리를 버리고 山과 들로 해매이기 시작하자, 그는 슬픈노래를 부르기 시작하였다.
어떤때에는 '들'을 바라다보고 푸른 이끼로 더부러 呼吸을 가치 하는가하면, 어느때에는〈들ㅅ길에서서〉生活은 슬퍼도 좋다고 왜

쳐도본다. 〈地圖〉를 펴놓고 도시 한덩이 푸른 石榴이던 地球가 이 제 웨 이리 읅웃 붉웃 彩色이 됐느냐고 슬퍼도 하다가는, 그만 그 읅웃붉웃한 地球가 流星처럼 떠나려갈것을 바래는 하염없는 心思에 파묻혀도 본다. 그런가 하면 좁은 〈房〉에서 무수한 검은 〈밤을 지니고〉 흐느껴 울다가 밤이 이대로 億萬年이야 갈리라구 아름다운 새벽을 고요히 기두리기도 한다.

그러기에 『슬픈 牧歌』의 이 시절을 夕汀은 詩에서 살지못하였기에 詩를 그리워한 시절이라고 나는 본다.

그러나 八十老齡의 피카소가 共産黨에 入黨하였다는 이즈막에 있어—.

이제 夕汀의 가슴에는 다시 푸른 꿈이 깃드리기 시작하였고, 그에게는 푸른山, 흰구름만이 그의詩가 아니요, 朝鮮의, 世界의 人民도 또한 그의 詩가 될수있으리라는것을 믿는 나의 心思는 果然한 낱 부질없는 꿈일것인가?

'슬픈 牧歌를 부르기 시작할때부터 兄과 나의 사이가 가장 가까워젓던 年代'이라고 '퍽 쑥스러운 말슴이오나 序文하나 써주시면' 하는 夕汀의 請을 저바리지 못한 나는 그만 자신을 돌볼사이도없이 이 쑥스러운 글을 草하여 『슬픈 牧歌』에 받치노라.

　　　　　　　　　　　　　一九四六年 三月 晦日밤
　　　　　　　　　　　　　　於 艸艸庵　　金 鴉

나의 몇몇 詩友에게 — 『슬픈 牧歌』의 뒤에

서른이 가까울때까지 이 사나히는 '生活'을 모르는 가장 어리석은 행복자(?)이었습니다.

숨 막히는 現實을 呼吸하게 될때, 呼吸하므로 써 비롯하는 悲劇을 멀리 피하기 위하여, 애써 現實의 世界에서는 아주 아스므라한 딴 나라로 내 자신을 이끌고 가기에 바빴던것입니다.

그리하여 비로소 거기서 나의 작은 安息所를 찾아간것이 나의 '어머니', 自然의 품속이었습니다.

벗이여

狂亂한 무리가 充滿한 世界를 멀리 떠나면서 나는 '生活'도, '사랑'도, '哲學'도 끝내는 서글픈 '人生'까지도, 깨끗이 訣別하였든것입니다.

그 품ㅅ속에 성치못한 나를 이끌고 들어가 한그루 나무가 아니면 한송이꽃으로라도 완전히 녹혀 버리고 싶었던것이, 그때 나의 情熱의 전부였다고 告白하고 싶습니다.

그러나 벗이여

나의 安息所, 그 海底와같이 고요한 溫室에 뜻하지 아니한 颱風이 일기 비롯하였으니 그것이 바로 내가 오래오래 피해오던, 그리고 멀리 삼가던 '生活'이라는 무서운 現實이었습니다.

그 安息所에 '초ㅅ불'을 켜놓고 죄없이 부르던 牧歌에 슬픈 빛갈이 차츰차츰 배여들기 시작하여, 끝내는 이 사나히의 손때가 쩔게 길러온 어린 羊들을 모조리 승냥이 떼에게 아시고 말었으니, 이 사나히의 서름은 그때 바야흐로 무성하였던것입니다.

4. 시론에 나타난 서정시의 정신

푸른 牧場의 훌륭한 아침과, 가장 고요한 黃昏을 잃어버리고, 귀에 익은 羊떼의 가냘픈 소리도 차츰 멀어질 무렵, 나의 牧歌는 나날이 슬퍼졌던것입니다.

벗이여
그뒤 내 가는 곳에는 하늘도 없었습니다. 季節도 없었습니다. 푸른봄은 더구나 없었습니다.

羊도, 牧場도, 봄도 없는 荒漠한 세월에 가까스로 자지드는 내 자신의 '人生'을 붙들고 가슴을 쥐어 뜯으며 몸부름치며 '아름다운 슬픔'을 찾어 다시 또한개 安息所를 求하였으나, 이 좁은 地球에 다빗드의 행복된 고향은 찾을 길이 없었습니다.

'아름다운 슬픔'을 뼈에 사모치도록 줄곳 찾어 가기에도, 그때의 天候는 너무나 불순하였든 것을 그대들도 알으시리다.

어머니의 품에로 돌아가는 길이 다시 열리던, 一九四五年 八月 十五日, 나는 목놓아 울었습니다.

거기서 오래오래 지니고 살아오던 나의 슬픔과 더부러 靑春은 고소란히 門을 닫혔기 때문이었습니다.

'인젠 어디로 가겠느냐?'구요. 성한 피가 내 血管을 도는限, '새벽'과 '아침'과 대담한 '대낮'을 찾어, 끝끝내 한송이 해바라기로 다시 피여보리라. 그것은 어느 가난한 마을 울 옆이래도 좋고, 나지막한 山기슭이라도 좋겠습니다.

　　　　　　　　　　　　　一九四六年 四月 二 밤
　　　　　　　　　　　　　　青丘園에서　　著 者

5

문학사적 위상

(1) 문학사적 평가의 전제

　어떤 시인의 문학사적 위상에 대한 평가는 항상 진행형이라는 것이 평소의 생각이다. 어떤 작가의 작품에 대한 평가가 이루어지는 시대와 사회의 요구에 따라 각기 달라질 수 있다는 관점이다. 예를 들면, 정치성을 배제한 순수 문학에 대한 관심이 많은 시대와 사회에서는 순수 서정시에 대해서는 높게, 참여시나 목적 의식이 투영된 시에 대해서는 낮게 평가된다. 또한 문학사적 위상을 평가하는 연구자의 기본적인 관점이 어떤 경향을 견지하느냐에 따라서도 달라질 수 있다.

　아울러 한 시인에 대한 문학사적 평가는 시인이 작품 활동을 했던 어느 특정 시기의 작품에 한정할 것이 아니라, 전 시기의 문학 작품에 대한 부분들이 모여 총체적으로 이루어져야 한다. 이 같은 문제 의식은 신석정의 시에 대해서도 예외가 아니다. 즉 신석정이 시작 활동을 한 어느 특정 시기에 국한하여 그 문학사적 위상을 규정할 것이 아니라, 전 시기의 작품에 대하여 종합적으로 평가가 이루어져야 한다. 이런 맥락에서 다음과 같은 회고는 주목할 만하다.

> 석정문학회(夕汀文學會) 모임을 마치고 시인(詩人)이자 평론가(評論家)인 정양(鄭洋)과 오하근(吳河根)과 막소사이(막걸리 소주 사이다의 칵테일) 한 잔을 기울일 때 하근이 석정은 너무 외골수였다는 점이 장점이었다 함을 시인하고, 〈촛불〉, 〈슬픈 목가(牧歌)〉,를 두고, 전원시인(田園詩人), 목가시인(牧歌詩人) 운운한 것은 석정의 이 시의 제작 환경이 일제하란 것을 감안 현실 도피가 아닌 석정의 마스크에 불과했다는 정양의 말에 동조하면서 석정의 시는 문학사적으로 재조명되어야 한다고 다 같이 입을 모은 바가 있다.
> ─황길현, 〈빛깔 있는 대화의 세계〉(석정문학회 엮음, 『임께서 부르시면』, 246면)─

이 같은 회고는 우리 근대 시문학사에서 서정 시인, 전원 시인, 목가 시인으로 불리는 신석정의 문학사적 위상이 재검토되어야 한다는 문제 제기이자, 그의 문학이 새로운 각도에서 평가될 수 있는 가능성을 시사하는 것이다. 아울러 신석정의 문학이 이처럼 제한적으로 규정되기보다는 그의 문학이 생산된 시대의 맥락 속에서 평가되고, 보다 총체적인 시각에서 이루어져야 한다는 주장을 담고 있다.

(2) 서정시와 참여시

이상과 같은 관점에서 신석정의 문학적 여정을 살펴보면, 결코 단일하게 규정될 수 없음을 쉽게 알 수 있다. 즉 그가 초창기에는 주로 주요한, 김억 등의 영향으로 감상적인 센티멘털의 시로부터 그 출발점을 삼았으나, 서울에서 학교를 다니는 시기에는 김영랑·박용철·정지용 등과 '시문학'의 동인으로 활동하면서 순수 서정시를 지향하였다. 아울러 이 시기에는 김기림·장만영·정지용 등과 교류하면서 모더니즘적인 경향, 특히 이미지를 중요하게 형상화하는 시작을 보이기도 한다.

이후 신석정은 고향 부안으로 귀향하여 이병기·조운·서정주 등과 교류하면서, 서정적으로 형상화된 전원 생활과 인간의 원초적 고향이자 모태(母胎)인 어머니를 시로 그려내고 있다. 이 시기부터 해방 전에 창작한 일련의 작품(주로 『촛불』과 『슬픈 목가』에 수록된 작품)들을 중심으로 하여, 그의 문학사적 위상이 설명되고 있다. 전원 시인, 목가 시인이라는 다른 시인에게는 허용되지 않는 독점적인 별칭이 그것이다.

그러나 해방 후에 신석정은 은둔자적인 삶과 문학에서 벗어나 현실의 생활 속으로 뛰어든다. 해방이라는 역사의 새로운 전기를 맞아 그는 새롭게 열릴 역사를 노래했으며, 한국 전쟁과 같은 민족사의 수난기에는 물질적인 가난과 정신적인 고통 속에서 살아야 했다. 이 시기 몸과 마음이 가난함을 뼈저리게 느껴야만 했던 시인은 생활과 그가 또 다시 찾은 자연인 산(山)에 의탁하여 그의 시 세계를 펼치고 있다. 그리고 이런 이유로 인해,

그의 이 시기 시는 방황하는 지식인의 모습을 그려내고 있다.
 그럼에도 불구하고 이 같은 일련의 과정에서 그는 지조와 역사를 바로 볼 수 있는 정신의 소유자로 변모한다. 이승만 독재 정권과 4·19, 5·16에 이은 군사 정권, 유신 독재 등의 현대사의 격동 속에서 그는 역사를 바로 보는 올곧은 눈을 보여주고자 했다. 그런 만큼 그에게 시련도 뒤따랐다. 그러나 투옥과 해직, 정보 기관으로의 연행 등 남다른 시련은 그를 단련시켰으며, 그의 후기 시는 이 같은 현실과 개인적인 고통을 형상화하고 있다. 이념을 앞세운 거친 목소리나 표면적으로 드러나는 목적 의식보다는 순수 서정시를 썼던 시인의 이력에서 우러나는 성숙한 모습으로 말이다.
 이상과 같이 간단히 정리할 수 있는 시인의 시적 변모 과정에는 그래도 일관된 모습이 있다. 그것은 그가 서정시의 본질이라고 할 수 있는 언어에 대한 탐구를 보여주고 있다는 사실과 그가 살았던 역사와 현실에서 멀리 떨어져 있지 않았다는 사실이다. 그렇기에 그는 시가 오랜 성숙의 과정 속에서 잉태된다는 낭만주의적인 관점과 역사 현실을 판단할 수 있는 정신을 담아내야 한다는 리얼리즘적인 관점을 끝까지 견지하고 있었다.

(3) 선비 정신의 소유자

 그러나 우리 근대 시문학사에서 신석정에 대한 평가는 그리 후한 편이 아니다. 더구나 그에 대한 문학사적 평가는 1930년대 본격적으로 작품 활동을 시작한 시기부터 해방 이전의 시 작품에 한정되어 있다. 그렇기 때문에 해방 이후의 문학적 편력이나 1960년대 이후의 시 작품에 대해서는 전혀 논의의 대상조차 되지 않고 있다. 길다면 길고, 짧다면 짧은 신석정의 이력에서 극히 일부만을 평가하고 있는 것이다.

이제 이 같은 문학사적, 교육적 평가는 새로이 재조명되어야 한다. 그리고 이 같은 재조명을 위해서는 해방 이후의 시 작품에 대하여 새로이 고찰하여야 한다. 해방 후 〈꽃덤풀〉을 비롯한 민족 현실에 대한 관심, '산'으로 대표되는 신석정의 올곧은 시 정신, 정치적 현실과 사회적 불합리에 대항했던 1960년대 이후의 시 정신. 이제 이 같은 시인의 정신과 이 정신을 형상화하고 있는 작품에 대한 평가도 이루어져야 한다.

신석정은 1960년대 대표적인 참여 시인으로 불려지는 김수영을 비판할 수 있는 시인이었다.(시 〈쥐구멍에 햇볕을 보내는 민주주의의 노래〉 참조) 그의 시는 현실을 비판적으로 바라보고 있으며, 시인이 할 수 있는 바를 실천적으로 보여주고 있다. 물론 그렇다고 해서 그를 참여 시인이라는 명명으로 다시 제한하는 작업 역시 바람직하지 않다. 그가 살아 있었다고 해도 그는 이렇게 불려지기를 원하지 않았을 것이며, 그를 사랑했던 주변 사람들도 원하지 않을 것이다.

그는 다만 시를 사랑하는 지방의 시인이었으며, 자기에게 닥친 생활에 최선을 다한 사람이었다. 목가적인 시도, 현실 비판적인 시도 같은 관점에서 예외가 아니다. 그는 '생활의 시인'이었다. 고리타분한 조선 시대의 선비가 아니라 헐렁할망정 양복을 입은 선비였으며, 그 선비들의 상징이었던 선비 정신을 지닌 시골 학교의 선생님이었다. 남에게 잘 보이려고 하지 않고 있는 그대로 보여지기를 원했던 '난'과 같은 사람이었다.

난초는
얌전하게 뽑아올린 듯 갸륵한 입새가 어여쁘다

난초는
건드러지게 처진 청수한 잎새가 더 어여쁘다

난초는
바위틈에 자랐는지 그윽한 돌냄새가 난다

난초는
산에서 살던 놈이라 아무래도 산냄새가 난다

난초는
예운림(倪雲林)보다도 고결한 성품을 지니었다

난초는
도연명(陶淵明)보다도 청담한 풍모를 갖추었다

그러기에
사철 난초를 보고 살고 싶다

그러기에
사철 난초와 같이 살고 싶다

― 〈난초(蘭草)〉의 전문 ―

연보 및 연구 자료

1. 작가 연보

1907년(1세)   7월 7일(음력), 전북 부안읍 동중리에서 신기온(辛基溫)의 차남(3남 2녀 중 넷째)으로 출생. 부안군 행안면 역리(驛里), 서옥 부락, 금산리 등지를 전전하다 여덟 살 무렵인 1914년 문학적 고향인 선은리에 정착. 할아버지로부터 당시(唐詩)를 배움. 완고한 모친의 영향을 받음.

1918년(12세)   부안보통학교 2학년으로 입학. 당시 한문에 능통하면 월반이 가능했음.

1923년(17세)   수업료를 미납한 한 학생이 일본인 담임 선생에 의해 발가벗겨진 일을 보고 당시 6학년이던 석정이 전교생의 스트라이크를 주도하다 무기 정학을 당함.
5월, 17세 박소정(朴小汀)과 결혼. 박소정의 본명은 성녀(姓女)였으나 석정은 시인 아내의 이름으로 너무 범박하다 하여 소정(小汀)으로 개명시킴.

1924년(18세)   3월에 복교하여 당해 보통학교를 졸업.
4월 19일, ≪조선일보≫에 첫 작품 〈기우는 해〉 발표. 이후 ≪조선일보≫와 ≪동아일보≫에 〈향수〉, 〈나의 손 임자〉 등

	다수의 시를 발표.
1930년(24세)	3월 5일, 불심을 닦기 위해서라기보다 철학과 문학을 익힐 목적으로 상경하여, 중앙불교전문강원 석전(石顚) 박한영 화상의 문하에서 불전을 연구, 원생들의 회람지『원선(圓線, 필경본)』을 편집. 이 때 박용철, 정지용, 김기림, 조종현 등과 교우. 한용운, 이광수, 주요한 등을 찾아감.
1931년(25세)	10월,『시문학』제3호에〈선물〉을 발표하고『시문학』후기 동인으로 참가하였고, 이 때부터 본격적인 문단 활동을 시작함. 그러나 가난(소작)하는 젊은 아내에 대한 고민)과 어머니의 부음으로 귀향.
1932년(26세)	에스페란토 어 지방 강좌를 하기 위해 부안에 들렸던 안서 김억과 서신 왕래를 하면서 교분을 쌓음. 이 해 12월 석정의 시〈어느 작은 풍경〉이 김억에 의해『신생』에 실림.
1933년(27세)	부안 선은리에 집을 마련하여 '청구원(靑丘園)'이라 이름짓고 정원을 가꿈. 청구원 생활 때 도연명, 한용운, 타고르 등의 시인에 심취하여 낮에는 일하고 밤에는 시 공부에 열중함. 이 시기 장만영과 서정주가 찾아옴. 이러한 인연으로 황해도 연백의 부호 장만영은 석정과 동서지간이 됨.
1939년(33세)	7월,〈차라리 한 그루 푸른 대(竹)로〉가『문장』지에 실렸으나 검열에 걸려 교정을 보았지만 삭제당함. 11월, 첫 시집『촛불』을 인문평론사에서 간행함.
1941년(35세)	친일문학지『국민문학』의 원고 청탁을 거절하고 이후 해방까지 절필함. 이 시기에 발표된 시로는 1942년 7월『조광』에 발표한〈산보로〉한 편이 있음.
1947년(41세)	7월, 제2시집『슬픈 목가(牧歌)』를 부안 낭주문화사에서 간행. 1949년까지 죽산중학교에서 교사 생활을 함.
1949년(43세)	이후 1950년까지 부안중학교에서 교사 생활을 함.
1950년(44세)	6·25 직후 첫 시집『촛불』과 제2시집『슬픈 목가(牧歌)』의 판권을 당시 쌀 두 가마니 값에 대지사(大志社)에 넘김. 6·25 직후 석정은 전주시 고사동의 정환기(鄭桓琦) 씨 댁에 식객으로 거처하며 생활상의 곤란을 겪었음.

	이후 4년 간 태백신문사 편집 고문으로 활동. 이 곳에서 '토요시단'을 주재함.
1954년(48세)	이후 7년 간 전주고등학교 교사로 재직함.
	그리고 같은 해 6월에 역서(譯書)『중국시집』을 정양사(正陽社)에서 간행함.
1955년(49세)	전북대학교와 영생대학에 강사로 나가며 시론(詩論)을 강의함.
1956년(50세)	11월에 제 3 시집『빙하(氷河)』를 정음사(正音社)에서 간행함.
1958년(52세)	4월에는 가람 이병기와 함께『명시조감상』을 박영사(博英社)에서 간행함. 같은 해 4월에 번역시집『매창시집(梅窓詩集)』을 '낭주매창시집간행회'에서 간행함. 12월에는 '전라북도문화상'을 수상함.
1959년(53세)	4월, 신구문화사가 간행한『한국시인전집』에 시작품을 수록.
1961년(55세)	경향신문에 발표된 〈단식(斷食)의 노래〉 때문에 5·16 직후 연행되었다 풀려남.
	이후 3년 간 김제고등학교 교사 생활을 함.
1963년(57세)	전주상업고등학교에서 교사 생활.
1965년(59세)	6월, '전주시문화상' 수상. 문협 전북지부장 역임.
1967년(61세)	이후 2년 간 예총(藝總) 전북지부장을 지냄. 이 해 제 4 시집『산(山)의 서곡(序曲)』을 가람출판사에서 간행함.
1968년(62세)	12월, '한국문학상' 수상.
1969년(63세)	12월, 전주시 다가공원에 세워진 '가람시비' 건립위원으로 활동.
1970년(64세)	11월, 제 5 시집『대바람소리』를 한국시인협회에서 간행.
1972년(66세)	9월에 '문화포장'을 수상하고, 이해 9월 5일 전주상업고등학교에서 정년 퇴직하여 20여 년의 교직 생활을 마감함.
1973년(67세)	10월, '대한민국예술문화상' 수상.
	12월, '전북문학상' 심사 도중 고혈압으로 쓰러짐.
1974년(68세)	7월 6일, 수상집『난초잎에 어둠이 내리면』의 출판을 기다리다 생을 마감. 전북 임실군 관촌면 신월리에 묻힘. 동년 7월 20일에 수상집이 지식산업사에서 간행됨.
1976년	7월, 전주 덕진공원에 신석정 시비가 세워짐.
1986년	9월, 시비 옆에 신석정의 동상이 세워짐.

2. 작품 연보

▶ 시

〈기우는 해〉, 《조선일보》, 1924. 4.
〈나의 손 임자〉, 《조선일보》, 1925. 11. 8.
〈밤!〉, 《조선일보》, 1925. 12. 9.
〈향수(鄕愁)〉, 《동아일보》, 1929. 1. 25.
〈어머니! 그 염소가 왜……?〉, 《동아일보》, 1929. 11. 3.
〈선물〉, 『시문학』, 1931. 3.
〈임께서 부르시면〉, 『동광』, 1931. 8.
〈그 꿈을 깨우면 어떻게 할까요〉, 『동광』, 1931. 10.
〈나의 꿈을 엿보시겠습니까〉, 『문예월간』, 1932. 1.
〈푸른 하늘 바라보는 행복이 있다〉, 《동아일보》, 1932.
〈산새는 어데서 노래하나〉, 《동아일보》, 1932.
〈바다는 우리에게 풀피리를 권하나니〉, 《동아일보》, 1932.
〈어머니여〉, 『삼천리』, 1932.
〈봄의 유혹(誘惑)〉, 『동방평론』, 1932. 7~8.
〈출출한 밤〉, 『동방평론』, 1932. 7. 8.
〈어느 적은 풍경(風景)〉, 『신생』, 1932. 12.
〈아! 그 꿈속에서 살고 싶어라〉, 『신생』, 1932. 2.
〈봄이여 당신은 나의 침대를 지킬 수가 있습니까?〉, 『삼천리』, 1933. 3.
〈시인(詩人)〉, 『신생』, 1933. 9.
〈훌륭한 새벽이여 그 푸른 하늘을 찾으러 갑시다.〉, 『신동아』, 1933. 10.
〈추과삼제(秋果三題)[율(栗)·시(柿)·석류(石榴)]〉, 《조선일보》, 1933. 10. 5~10. 7.
〈아직 촉(燭)불을 켤 때가 아닙니다〉, 《조선일보》, 1933. 11. 30.
〈가을이 먼 길을 떠나랴 하나니〉, 『삼천리』, 1933. 12.
〈오후(午後)의 명상(冥想)〉, 《중앙일보》, 1934. 3. 27.
〈봄이여! 너는 비오는 틈을 타서〉, 1934. 3.
〈새벽을 기다리는 마음〉, 《중앙일보》, 1934. 3. 20.
〈나의 침실(寢室)의 문을 두드리는 자(者)는 누구냐〉, 《중앙일보》, 1934. 3.

20.
〈산(山)으로 가는 마음 / 바람〉, 『문학』, 1934. 4.
〈병상(病床)에서 띄우는 편지 1〉, 《중앙일보》, 1934. 5. 5.
〈병상(病床)에서 띄우는 편지 2〉, 《중앙일보》, 1934. 5. 6.
〈화려한 풍선을 타고〉, 『중앙』, 1934. 6.
〈오월(五月)의 아침〉, 『신인문학』, 1934. 7.
〈머언 항해(航海)〉, 『중앙』, 1934. 8.
〈대화(對話)〉, 『중앙』, 1934. 9.
〈머언 날이 지내면〉, 《중앙일보》, 1934. 9. 23.
〈정적(靜寂)의 미(美)〉, 『월간매신』, 1934. 10.
〈화석(化石)이 되고 싶어〉, 『신인문학』, 1934. 10.
〈나는 어둠을 껴안는다〉, 『시원』, 1935. 1.
〈초춘음(初春吟)〉, 《조선일보》, 1935. 3. 5.
〈병상야음(病床夜吟)〉, 《중앙일보》, 1935. 3. 7.
〈밤을 맞이하는 노래〉, 『개벽』, 1935. 3.
〈밤이여〉, 『시원』, 1935. 3.
〈그것은 단조(單調)한 비극(悲劇)이 아니다〉, 『시원』, 1935. 3.
〈푸른 커틴〉, 『시원』, 1935. 3.
〈석양(夕陽)〉, 『중앙』, 1935. 4.
〈푸른 침실(寢室)〉, 『시원』, 1935. 4.
〈해변(海邊) 즉흥소시(卽興小詩)〉, 『시원』, 1935. 5.
〈토끼의 향수(鄕愁)〉, 『신인문학』, 1935. 8.
〈시론(詩論)〉, 『중앙』, 1935.
〈정원(庭園)〉, 『중앙』, 1935.
〈서가(書架)〉, 『중앙』, 1935.
〈채석강(採石江) 가는 길〉, 《조선일보》, 1935.
〈푸른 하늘, 물새, 조개껍질〉, 『조광』, 1935. 11.
〈수선화(水仙花)〉, 《조선일보》, 1936. 1. 31.
〈눈오는 밤〉, 『조선문학』 7·8 합병호, 1936.
〈송하론고(松下論古)〉, 『중앙』, 1936. 6.
〈이 밤이 너무나 길지 않습니까〉, 『여성』, 1936. 12.

〈은행(銀杏)나무 선 정원도(庭園圖)〉,『시건설』, 1937. 1.
〈난초(蘭草)〉,『조선문학』, 1937. 2.
〈수선화(水仙花)〉,『시건설』, 1937. 2.
〈황혼(黃昏)이 떠날 임시(臨時)〉,『풍림』, 1937. 3.
〈참회(懺悔)〉,『시건설』, 1937. 3.
〈슬픈 이야기〉,『백광』, 1937. 6.
〈산수도(山水圖)〉,『조광타임스』, 1938. 1.
〈옛 이야기〉,『시인춘추』, 1938. 2.
〈언제나 평온(平穩)한 얼굴을 볼 수 있답니까?〉,『여성』, 1938. 2.
〈청산백운도(靑山白雲圖)〉,『시건설』, 1938. 5.
〈새해 노래〉,《동아일보》, 1939. 1. 3.
〈월견초(月見草) 필 무렵〉,『조선문학』, 1939. 1.
〈고흔 심장(心臟)〉,《조선일보》, 1939. 3. 5.
〈등고(登高)〉,『시학』, 1939. 5.
〈들길에 서서〉,『문장』, 1935. 5.
〈첫사랑〉,『조선문학』, 1939. 7.
〈작은 짐승〉,『문장』, 1939. 7.
〈서정가(抒情歌)〉,『시학』, 1939. 7.
〈지도(地圖)〉,『시건설』, 1939. 7.
〈방(房)〉,『학우구락부』, 1939. 9.
〈슬픈 구도(構圖)〉,『조광』, 1939. 10.
〈삼행시(三行詩)〉,『시학』, 1939. 10.
〈슬픈 전설(傳說)을 지니고〉,『문장』, 1939. 11.
〈가을을 보는 마음〉,『청색지』, 1939. 12.
〈꿈〉,『시학』, 1940. 1.
〈산협인상(山峽印象)〉,『인문평론』, 1940. 2.
〈사행시(四行詩)〉 2편,『조광』, 1940. 3.
〈슬픈 서백리아(西伯利亞)〉,『여성』, 1940. 4.
〈애가(哀歌)〉,『조광』, 1940. 9.
〈한 그루 푸른 대(竹)로〉,『문장』, 1940. 9, 일제에 의해 검열 삭제.
〈대숲에 서서〉,『인문평론』, 1941. 1.

〈어느 지류(支流)에 서서〉, 『문장』, 1941. 3.
〈소년(少年)을 위한 목가(牧歌)〉, 『신세기』, 1941. 3.
〈변산일기(邊山日記)〉, 『삼천리』, 1941. 4.
〈오월(五月)이 돌아오면〉, 『춘추』, 1941. 4.
〈별리부(別離賦)〉, 《매일신보》, 1941. 8. 23.
〈산보로(散步路)〉, 『조광』, 1942. 7.
〈춘추(春秋)〉, 《전북일보》, 1952. 3.
〈애사삼장(哀詞三章)〉, 《전북일보》, 1952. 3.
〈늙은 비둘기〉, 《태백신문》, 1952. 3.
〈슬픈 평행선(平行線)〉, 《태백신문》, 1952. 4.
〈망향(望鄕)의 노래〉, 《전북일보》, 1952. 4.
〈귀향시초(歸鄕詩抄)〉, 《태백신문》, 1952. 4.
〈항구(港口)에서〉, 《군산신문》, 1952. 5.
〈다시 제주도(濟州道)〉, 《태백신문》, 1952. 5.
〈소양강(昭陽江) 삼장(三章)〉, 《전북일보》, 1952. 8.
〈근영수제(近詠數題)〉, 《전북일보》, 1952.
〈여정(旅程)〉, 《전북일보》, 1952. 9.
〈금산사(金山寺)〉, 《전북일보》, 1952. 10.
〈속(續) 소양강(昭陽江) 단장(斷章)〉, 《전북일보》, 1952. 10. 1~10. 23.
〈발음(發音)〉, 《전북일보》, 1952. 12.
〈산산산(山山山)〉, 『학원』, 1953. 1.
〈여백(餘白)〉, 《태백신문》, 1953. 10.
〈소곡(小曲)〉, 《삼남일보》, 1954. 1.
〈대화(對話)〉, 《태백신문》, 1954. 3. 18.
〈스켓취〉, 《삼남일보》, 1954. 6. 6~6. 7.
〈심장(心臟)이 없는 세계〉, 《한국일보》, 1955. 9. 16.
〈대춘부(待春賦)〉, 《삼남일보》, 1956. 1. 1.
〈서정소곡(抒情小曲)〉, 『현대문학』, 1956. 1.
〈역사(歷史)〉, 《전북대학신문》, 1957. 3. 3.
〈축제(祝祭)〉, 『사상계』, 1958. 7.
〈나에게 어둠을 달라〉, 『자유문학』, 1959. 4.

〈동방반명(東方半明)〉, 《전북대학신문》, 1960. 1. 1.
〈탐라풍물시(耽羅風物詩)〉, 《전북일보》, 1960. 2. 1~2. 8.
〈비사벌송가(比斯伐頌歌)〉, 《연합신문》, 1960. 2. 2.
〈단장소곡(斷腸小曲)〉, 《동아일보》, 1960. 3. 30.
〈우리들의 형제를 잊지마라〉, 《전북대학신문》, 1960. 4.
〈산방일기(山房日記)〉, 《한국일보》, 1960. 11. 30.
〈단식(斷食)의 노래〉, 《경향신문》, 1961.
〈전아사(錢牙詞)〉, 《삼남일보》, 1961. 1. 1.
〈쥐구멍에 햇볕을 보내는 민주주의(民主主義)의 노래〉, 《전북일보》, 1961. 1. 1.
〈가로수〉, 《교육주보》, 1961. 1.
〈봄을 잊을 수는 없다〉, 《전북대학신문》, 1961. 1. 16.
〈영구차(靈柩車)의 역사〉, 『자유문학』, 1962. 12.
〈남해서정시초(南海抒情詩抄)〉, 《전북일보》, 1963. 1. 18~1. 23.
〈사월(四月)은 강물처럼〉, 《서울신문》, 1963. 4. 7.
〈다시 들길에 서서〉, 《서울신문》, 1963. 6. 22.
〈애가(哀歌)〉, 《전북일보》, 1963. 6. 22.
〈갑오동학혁명(甲午東學革命)의 노래〉, 《전북일보》, 1963. 9. 29.
〈꽃보라 속에 서서〉, 《전북일보》, 1964. 1. 1.
〈봄은 있다〉, 《삼남일보》, 1964. 1. 1.
〈한 줄기 햇살로〉, 《동아일보》, 1964. 1. 10.
〈이국(異國) 같은 거리에서〉, 《전북일보》, 1964. 1. 29.
〈오랜 시간이 우리들의 뒤로 물러간 뒤〉, 《전북일보》, 1964. 1. 29.
〈슬픈 서정(抒情)〉, 《전북일보》, 1964. 3.
〈곡창(穀倉)의 새해〉, 《경향신문》, 1965. 1. 1.
〈하도 햇볕이 다냥해서〉, 《전북일보》, 1965. 1. 10.
〈송시(頌詩)〉, 《삼남일보》, 1965. 5. 1.
〈축시(祝詩)〉, 『전기기술』, 1965. 7.
〈오순도순 살아 보자요〉, 《중앙일보》, 1965. 12.
〈그런 날은 언제나 올까〉, 『한양』, 1965. 12.
〈여명즉전(黎明卽前)〉, 《전북일보》, 1966. 1. 1.

〈이(耳)·목(目)·구(口)·비(鼻)〉,『문학춘추』, 1966. 1.
〈춘향전(春香傳) 서시(序詩)〉,『한양』, 1966. 4.
〈문(門)밖엔 봄이 있다〉, ≪경향신문≫, 1966. 5. 3.
〈광한루(廣寒樓)〉, ≪중앙일보≫, 1966. 5. 4.
〈푸른 문(門) 밖에 서서〉, ≪영생대학보≫, 1966. 5. 14.
〈반신(返信)〉, ≪한국일보≫, 1966. 7. 3.
〈어린 봄의 노래〉,『한양』, 1966. 10.
〈양(羊)에 붙이는 글〉, ≪삼남일보≫, 1967. 1. 1.
〈초설〉,『여상』, 1967. 2.
〈꿈의 일부(一部)〉,『신동아』, 1967. 2.
〈헐벗은 산하(山河)에 살아도〉, ≪삼남일보≫, 1967. 3. 12.
〈독백〉,『한국문학』, 1967. 5.
〈나두 돌맹이여〉, ≪한국일보≫, 1967. 11. 30.
〈산(山)처럼〉,『도정』, 1967. 12.
〈까치가 울고 있었다〉,『학원』, 1968. 1.
〈계시(啓示)를 기다리기 전에〉,『영생학보』, 1968. 2.
〈눈맞춤〉,『사상계』, 1968. 2.
〈입춘(立春)〉,『현대시학』, 1968. 3.
〈사월(四月)은〉,『여원』, 1968. 4.
〈파초(芭蕉)와 이웃하고〉, ≪동아일보≫, 1968. 7. 26.
〈조용한 분노(忿怒)〉,『현대문학』, 1968. 8.
〈추야장고조(秋夜長古調)〉,『교육평론』, 1968. 10.
〈백록담에서〉,『월간문학』, 1968. 11.
〈곡(哭)가람〉, ≪전북일보≫, 1968. 12. 1.
〈영춘사(迎春詞)〉, ≪전북일보≫, 1969. 1. 1.
〈한라산(漢拏山)은 서서〉, ≪한국일보≫, 1969. 1. 1.
〈저 무수(無壽)같이〉, ≪전남일보≫, 1969. 1. 1.
〈입춘전후(立春前後)〉,『주간조선』, 1969. 2. 7.
〈동박새〉, ≪영생대학보≫, 1969. 2. 7.
〈저 일월성신(日月星辰)과 더불어〉, ≪전북매일신문≫, 1969. 5. 1.
〈춘수(春愁)〉,『현대문학』, 1969. 5.

〈아름다운 지구(地球)〉, ≪전북일보≫, 1969. 7. 21.
〈서울 1969년(一九六九年) 5월(五月) 어느 날〉,『월간문학』, 1969. 8.
〈비가(悲歌)〉,『신동아』, 1969. 8.
〈파도(波濤)〉,『전북문학』, 1969. 8.
〈내일을 생각하고〉,『주부생활』, 1969. 9.
〈귀 — 해변서정(海邊抒情)〉,『월간중앙』, 1969. 9.
〈산하(山河)는 변할지언정〉, ≪전북일보≫, 1969. 10. 10.
〈한 톨의 밀알을 지니고〉, ≪전북매일신문≫, 1970. 1. 1.
〈정정한 나무들〉, ≪전북일보≫, 1970. 5. 1.
〈대바람소리〉,『현대시학』, 1970. 5.
〈구천동(九天洞)〉,『전북문화』, 1970. 9.
〈입춘(立春)〉,『현대시학』, 1970. 7.
〈소곡(小曲)〉,『전북문화』, 1970. 7.
〈등반(登攀)〉,『전북문화』, 1970. 10.
〈버드나무 심은 뜻은〉,『현대시조』, 1970. 10.
〈빛을 모반(謀反)하는 저기압(低氣壓)이〉,『월간문학』, 1970. 11.
〈나랑 함께〉, ≪전북일보≫, 1970. 11.
〈잊어버릴 수 없다〉,『월간전북』, 1971. 1.
〈행정(行程)〉, ≪전북매일신문≫, 1971. 1.
〈입춘(立春)〉,『전북문학』, 1971. 3.
〈저 햇볕의 계단에서〉,『유네스코』, 1971. 4.
〈극락(極樂)과 지옥(地獄)사이〉, 〈조용한 염노(念怒)〉, 〈빛을 모반(謀反)하는 저기압(低氣壓)이〉 등 13편,『밀림대(密林帶)』, 한국문협(韓國文協)전북지부, 1971.
〈이팝나무 옮기던 나는〉,『세대』, 1971. 5.
〈더덕〉,『향토』, 1971. 7.
〈외출한 마음〉,『나라사랑』, 1971. 7.
〈관음소심(觀音素心)이랑〉,『월간중앙』, 1971. 10.
〈바람을 따라〉외 2편,『문화비평』, 1971. 10.
〈원정(園丁)의 설화(說話)〉,『창작과비평』, 1971. 12.
〈난(蘭)〉,『신동아』, 1971. 11.

〈임종(臨終)〉,『월간문학』, 1972. 1.
〈산(山)에나 가볼꺼나〉,『독서신문』, 1972. 1.
〈조종(弔鐘)〉,『창조』, 1972. 2.
〈지전(志全)〉,『전북문학』, 1972. 7.
〈한두 마리와 더불어〉,『향토』, 1972. 7.
〈바다의 서정(抒情)〉,『주부생활』, 1972. 8.
〈가까이 오고 있는 말〉,『월간문학』, 1972. 11.
〈오한(惡寒)〉,『문학사상』, 1972. 10.
〈거문고 소리 들으며〉,『신동아』, 1973. 1.
〈등고(登高)〉,『산』, 1973. 1.
〈난(蘭)이랑 살다보면〉,『자유공론』, 1973. 1.
〈청매(青梅) 옆에 서서〉,『전북문학』, 1973. 3.
〈춘수(春愁)〉,『월간중앙』, 1973. 4.
〈나비처럼〉,『한양』, 1993. 4.
〈산수화(山水花)가 피더니〉,『풀과별』, 1973. 4.
〈꽃사태〉,『세대』, 1973. 5.
〈서향(瑞香) 내음이사〉,『전북문학』, 1973. 5.
〈서귀포(西歸浦)에서〉,《한국일보》, 1973. 5. 27.
〈모란〉,『새교육』, 1973. 6.
〈천지(天地)에 메아리 칠 내일(來日)을〉,《전북신문》, 1973. 6. 1.
〈제주도(濟州道) 바다〉,『시문학』, 1973. 8.
〈동박새 오던 날〉,『시문학』, 1973. 9.
〈백련(白蓮)과 단둘이서〉,『월간문학』, 1973. 9.
〈어느 날〉,『한국문학』, 1973. 11.
〈정원소묘(庭園素描)〉,『창작과비평』, 1973. 12.
〈분향(焚香)〉,『세대』, 1974. 1.
〈고향(故鄕)에서〉,『중앙』, 1974. 1.
〈제주도(濟州道) 철쭉〉,『시문학』, 1974. 1.
〈눈발 속에서〉,『새교육』, 1974. 1.
〈산(山)엘 가서〉,『산』, 1974. 1.
〈병상(病床)에서〉,《한국일보》, 1974. 1. 15.

〈돌무덤〉, 『전북문학』, 1974. 1.
〈병상음(病床吟)〉, 《서울신문》, 1974. 3. 9.
〈나도 산(山)에 맡기리로다〉, 『산』, 1974. 6.
〈가슴에 지는 낙화(落花)소리〉, 『문학사상』, 1974. 7.
〈난초잎에 어둠이 나릴 때〉, 『월간중앙』, 1974. 7.
〈대잎(大쑥) 소리〉, 《한국일보》, 1974. 7. 7.
〈뜰을 그리며〉, 《동아일보》, 1974. 7. 8.

▶ 시 집

『촛불』, 인문평론사, 1939.
『슬픈 목가(牧歌)』, 낭주문화사, 1947.
『빙하(氷河)』, 정음사, 1956.
『한국시인전집』 5, 신구문화사, 1959.
『산(山)의 서곡(序曲)』, 가림출판사, 1967.
『대바람소리』, 문원사, 1970.
『슬픈 목가(牧歌)』, 삼중당, 1975.
『촛불』, 범우사, 1979.
『한국시문학대계』, 지식산업사, 1985.
『아직 촛불을 켤 때가 아닙니다』, 자유문화사, 1987.
『소년을 위한 목가』, 원음예술사, 1989.
『그 먼 나라를 알으십니까』, 창작과비평사, 1990.
『아직 촛불을 켤 때가 아닙니다』, 미래사, 1991.

▶ 수필 및 수필집

〈영산도〉, 『신생』, 1933. 3.
〈나의 몇몇 시우(詩友)에게〉, 『슬픈 목가(牧歌)』, 낭주문화사, 1947.
〈문학적(文學的) 자서전(自敍傳)〉, 『신문예』, 1958. 6.
〈춘란(春蘭)이 만개(滿開)〉, 『자유문학』, 1958. 9.
〈시(詩)를 쓰려는 청년(靑年)에게〉, 『신문예』, 1958. 10.
〈상처 입은 작은 역정(歷程)의 회고(回顧)〉, 『문학사상』, 1973. 2.
『난초(蘭草) 잎에 어둠이 내리면』, 지식산업사, 1974.

▶ 평론 및 기타

「화병(花甁)과 노시인(老詩人)」, 《조선일보》, 1936. 2. 2~2. 8.
「정지용론」, 『풍림』, 1937. 4.
「시(詩) 아닌 시(詩)」, 《동아일보》, 1938. 1. 25.
「박춘길 시집 『화병』을 읽고」, 《매일신보》, 1941. 7. 7.
「가람론」, 『신조』, 1953. 12.
「한국(韓國)의 현대시(現代詩)」, 『자유문학』, 1960. 5.
「시인으로서의 만해」, 『나라사랑』 2, 1971. 4.
「시정신과 참여의 방향」, 『문학사상』 창간호, 1972. 1.

『명시조감상』(이병기와 공저), 박영사, 1958.
『매창시집』, 양주매창시집간행회, 1958.
『중국시집』, 정양사, 1954.
『당시선집』, 정음사, 1981.

3. 연구자료

▶ 참고 서지

강은교, 「신석정론 — 1930년대 한국시의 재음미」, 『동아논총』, 1984. 12.
국효문, 「신석정 시 연구」, 성신여자대학교 대학원 박사논문, 1994.
권일송, 『한국현대시의 이해』, 국제출판사, 1981.
김광수, 「신석정 시 연구」, 국민대 대학원, 1982.
─── , 「신석정 시 연구」, 『국어국문학』, 국민대, 1983. 2.
김기림, 「1933년 시단회고」, 『시론』, 自楊堂, 1947.
─── , 「『촛불』을 켜놓고 — 신석정 시집 독후감」, 《조선일보》, 1939. 12. 25.
─── , 「모더니즘의 역사적(歷史的) 위치」, 『인문평론』 창간호, 1939. 10.
김남석, 「전원에 핀 문명의 저주」, 『시정신론』, 현대문학사, 1972.
김명배, 「신석정의 초기시 연구」, 『안성농전논문집』, 1985. 12.
김사림, 「빛의 시인 — 신석정의 이미지론」, 『현대문학』, 1984. 11.

김상태,「Thoreau와 석정의 대비적 고찰」,『논문집』, 전북대 교양과정부, 1974. 12.
김용성,「촛불의 신석정」,《한국일보》, 1982. 6. 16.
김윤식,「댓이파리, 바람소리, 슬픈 초승달의 표상—신석정론」,『시문학』, 1979. 8.
김준오,「현대시와 자연고」,『한국문학논총』, 한국문학회, 1981. 12.
김현승,『한국현대시해설』, 관동출판사, 1972.
김형효,『한국문학산고』, 일지사, 1979.
김희철,「신석정 연구—초기 시작품에 나타난 경어체를 중심으로」,『서울여대논문집』, 1982. 6.
노재찬,「신석정과 자연」,『부산사대논문집』, 1979.
문덕수,『현대시의 해석과 감상』, 이우출판사, 1982.
문두근,「신석정 시에 나타난 자연과 의미」, 건국대 대학원, 1982.
민병기,「신석정의 시사적 의미」,『국어국문학』 95집, 1986.
박두진,「석정의 시」,『현대문학』, 1968.
─────,「시의 자세와 생의 자세」,『한국현대시인론』, 일조각, 1970.
박정엽,「신석정·MEMO—동양적 자연의 서정미학」,『현대시학』, 1983. 2.
박철석,「신석정론」,『현대시학』, 1980. 1.
박호영,「신석정의 문학사상—『촛불』·『슬픈 牧歌』를 중심으로」,『강릉대학 논문집』, 1983. 2.
─────,「신석정의 문학사상—'지조'와 '고향의식'에 대한 고찰」,『아직은 촛불을 켤 때가 아닙니다』, 미래사, 1991.
백양촌,「『빙하』전후 이야기」,『빙하』, 정음사, 1956.
서정주,「신석정과 그의 시」,『한국의 현대시』, 일지사, 1965.
석정문학회 엮음,『신석정대표시평설—임께서 부르시면』, 유림사, 1986.
송미화,「신석정 연구」,『우석어문』, 1983.
송연기,「신석정 시의 상징성 연구」, 조선대 교육대학원, 1985.
송하선,「석정시의 참여론에 대한 재고」,『전주우석여자대학논문집』, 1980.
신용협,「신석정연구」,『충남대 논문집』 21, 1982. 12.
양애경,「신석정 연구」, 충남대 대학원, 1982.
─────,「신석정 시에 나타난 자연과의 합일」,『충남문학』 13, 1982. 8.

오택근, 「신석정의 전반기 작품에서의 밤의 의미」, 『시문학』, 1981. 3~4.
─── , 「신석정 시 연구─초기 시를 중심으로」, 한양대학교 대학원 박사논문, 1989.
우세진, 「신석정의 『산의 서곡』 연구」, 연세대 교육대학원, 1982.
윤경수, 「신석정론」, 『현대문학』, 1977. 5.
─── , 「신석정의 자연관」, 『월간문학』, 1978. 1.
윤여탁, 「신석정론─어머니, 산, 대바람소리」, 『한국현대문학연구』 7, 1999. 12.
이기반, 「신석정 시의 제재」, 『한국언어문학』 17 · 18, 1979. 12.
─── , 「신석정의 자연시에 나타난 서정성」, 『일산 김준영선생화갑기념논총』, 1980. 4.
─── , 『한국현대시연구』, 창문각, 1981.
─── , 「산이 좋아 산을 노래하던 신석정 시인」, 『신동아』, 1982. 3.
이병훈, 「신석정의 인간과 문학세계」, 『표현』, 1985. 12.
이정옥, 「신석정연구」, 『한국현대시탐구』, 민족문화사, 1983.
─── , 「석정의 초기시에 나타난 자연관 고찰」, 『경기어문학』, 1984.
장만영, 「석정의 시」, 『시문학』 2호, 1950.
─── , 「만년의 변모」, 『한국문학』, 1974. 11.
정구영, 「신석정론」, 건국대 대학원, 1976.
정태용, 「신석정론」, 『현대문학』, 1967. 3.
정한모, 「신석정─〈그 먼 나라를 알으십니까〉」, 『심상』, 1974. 4.
정한모 · 김용직 편, 『한국현대시요람』, 박영사, 1974.
조병춘, 「신석정의 시」, 『한국현대시사』, 집문당, 1980.
조용란, 「신석정 연구」, 동국대 대학원, 1977.
─── , 「신석정 연구」, 『동악어문논집』, 1978. 8.
조용란, 「신석정론」, 『현대시인론』, 형설출판사, 1979.
조찬일, 「신석정의 자연시 연구」, 한국외국어대 교육대학원, 1979.
최승범, 「신석정 시작품 연보」, 『심상』, 1974. 9.
─── , 「석정의 시와 생애」, 『신석정선시집─슬픈 牧歌』, 삼중당, 1975.
─── , 「신석정론」, 『촛불』, 범우사, 1979.
─── , 「목가적 세계와 모성의 회귀」, 『한국대표시평설』, 문학세계사, 1983.

허소라, 「신석정의 시세계」, ≪전북신문≫, 1976. 3. 23~4. 1.
─── , 「신석정연구」, 『한국언어문학』 14, 1976. 12.
─── , 「신석정 시에 나타난 산의 의미」, 『지천 김교선선생정년기념논총』, 1977.
─── , 「석정 문학의 고향」, ≪전북신문≫, 1978. 1. 16~1. 23.
─── , 『한국현대작가연구』, 유림사, 1983.
─── , 「신석정 시의 문체론적 고찰」, 『전북문단』 3, 1988.
허형석, 「신석정론」, 고려대 교육대학원, 1975.
─── , 「신석정 시의 위상」, 『군산대학 논문집』 9, 군산대학, 1984.
─── , 「신석정 연구」, 경희대학교 대학원 박사논문, 1988.
─── , 「신석정 시의 성립 배경 연구(1) ─ 안서·기림과의 관계를 중심으로」, 『이상비박사화갑기념논총』, 1992.
─── , 「신석정 시의 성립 배경 연구(2) ─ 노장 철학으로」, 『국어국문학 연구의 새로운 모색』, 집문당, 1993.
─── , 「신석정 시의 성립 배경 연구(3) ─ 타고르·만해의 수용을 중심으로」, 『군산대학 논문집』, 1993.
─── , 「신석정 시의 성립 배경 연구(4) ─ 시문학·지용과의 관계를 중심으로」, 『한국언어문학』 34, 1995.
─── , 「신석정의 『촛불』 고구」, 『군산대학교 논문집』, 군산대학교, 1997.
─── , 「신석정의 '시론' 고찰」, 『인문과학연구』, 군산대학교 인문과학연구소, 1998.
허형만, 「슬픈 구도」, 『대표 시 대표 평론』 1, 실천문학사, 2000.